프랑스, 스페인, 포르투갈

90일간의 유럽 자전거 여행기

2편

90일간의 유럽
자전거 여행기 2

초판 1쇄 발행 2022년 5월 13일

지은이 심언석
펴낸이 장현수
펴낸곳 메이킹북스
출판등록 제 2019-000010호

디자인 장지연
편집 이설
교정 안지은
마케팅 정지윤

주소 서울특별시 구로구 경인로 661, 핀포인트타워 912-914호
전화 02-2135-5086
팩스 02-2135-5087
이메일 making_books@naver.com
홈페이지 www.makingbooks.co.kr

ISBN 979-11-6791-159-9(04930)
ISBN 979-11-91472-99-8(세트)
값 17,500원

ⓒ 심언석 2022 Printed in Korea

잘못된 책은 구입하신 곳에서 바꾸어 드립니다.
이 책의 전부 또는 일부 내용을 재사용하려면 사전에 저작권자와 펴낸곳의 동의를 받아야 합니다.

홈페이지 바로가기

메이킹북스는 저자님의 소중한 투고 원고를 기다립니다.
출간에 대한 관심이 있으신 분은 making_books@naver.com로 보내 주세요.

심언석 지음 ——————— 프랑스, 스페인, 포르투갈

90일간의 유럽 자전거 여행기

2편

메이킹북스

프롤로그 · 8

1. 프랑스 ··· 12
   1.1. 작은 휴식의 도시, 아미앵(Amiens) ··· 13
   1.2. 오, 나의 파리(Paris) ··· 26
   1.3. 화려함을 담다, 베르사유(Versailles) 궁전 ··· 50
   1.4. 빛나는 보석을 가진 도시, 샤르트르(Chartres) ··· 61
   1.5. 홍수를 만나다, 잔 다르크의 숨결이 있는 곳, 오를레앙(Orleans) ··· 68
   1.6. 루아르강 고성 투어의 시작,
       샹보르성(Château de Chambord), 블루아(Blois) ··· 76
   1.7. 프랑스 대홍수, 넘쳐버린 루아르강(La Loire). ··· 91
   1.8. 본격 루아르강 고성 투어, 쇼몽성, 앙부아즈성, 쉬농소성 ··· 95
   1.9. 흥겨운 자전거 축제, 투르(Tours) ··· 116
   1.10. 김치, 김밥, 불고기. 푸아티에(Poitiers) 가는 길 ··· 126

1.11. 언제나 즐거운 시골길 라이딩, 　　　푸아티에(Poitiers)와 니오르(Niort)	⋯ 133
1.12. 대서양을 품다, 라로셸(La Rochelle)	⋯ 139
1.13. 바다 사나이의 낭만, 올레롱 섬(Ile d'Oléron)	⋯ 143
1.14. 뽕(Pons)을 거쳐 보르도(Bordeaux)까지, 너른 들판을 달리다.	⋯ 149
1.15. 유로 2016 개막, 보르도(Bordeaux)에서의 거리 응원	⋯ 154
1.16. 비와 함께 달리는 프랑스 서남부 여행길, 　　　바자스(Bazas), 몽드마르상(Mont-de-Marsan), 포(Pau)	⋯ 162
1.17. 드높은 웅장함. 6월의 하얀 눈, 피레네산맥(Pyrénées). 　　　기적의 도시 루르드(Lourdes)를 가다	⋯ 173
1.18. 하늘을 달리다, 생고뎅(Saint-Gaudens) 가는 길	⋯ 193
1.19. 친구들과의 즐거운 파티, 툴루즈(Toulouse)	⋯ 198
1.20. 숨 막힐 듯한 아름다움, 중세의 기억을 간직한 역사의 도시, 　　　카르카손(Carcassonne)	⋯ 206
1.21. 지중해의 열정을 담다, 축제의 현장, 나르본(Narbonne)	⋯ 214
1.22. 프랑스에서의 화려한 마지막 밤, 페르피냥(Perpignan)	⋯ 220

2. 스페인 ... 228

- 2.1. 오랜만에 넘은 국경. 스페인의 관문, 지로나(Girona) ... 229
- 2.2. 꿈의 도시, 바르셀로나(Barcelona) ... 236
- 2.3. 높은 산, 맑은 하늘, 내리쬐는 태양. 스페인을 온몸으로 느끼며 가는 여행. 이구알라다(Igualada) 가는 길 ... 268
- 2.4. 친구들과 함께 젊은 추억을 만들기, 예이다(Llerida) ... 276
- 2.5. 부자랄로스(Bujaraloz), 힘들 땐 한 번씩 쉬어가는 것도 좋아 ... 285
- 2.6. 아라곤 왕국의 수도 사라고사(Zaragoza). 황야를 뚫고 달리다 ... 292
- 2.7. 부르고스(Burgos)에서 시작한 본격 산티아고 순례길 (Camino De Santiago) ①. 알베르게(albergue)와의 첫 만남 ... 309
- 2.8. 본격 산티아고 순례길(Camino De Santiago) ②. 거친 길을 달리다 ... 318
- 2.9. 본격 산티아고 순례길(Camino De Santiago) ③. 인연의 시작과 끝 ... 326
- 2.10. 본격 산티아고 순례길(Camino De Santiago) ④. 하늘과 맞닿은 곳, 'Cruz de Ferro(페로의 십자가)'를 만나다 ... 335
- 2.11. 본격 산티아고 순례길(Camino De Santiago) ⑤. 산 넘고 물 건너 ... 343

2.12. 본격 산티아고 순례길(Camino De Santiago) ⑥. 순례자들의
영원한 안식처, 산티아고 데 콤포스텔라(Santiago de Compostela) … 356
2.13. 산티아고 데 콤포스텔라(Santiago de Compostela).
모든 것이 끝나는 곳, 다시 모든 곳이 시작되는 곳　　 … 359
2.14. 야간 열차를 타고 포르투갈로　　　　　　　　　　 … 371

3. 포르투갈　　　　　　　　　　　　　　　　　　　　　 … 375
3. 대장정의 마지막, 포르투갈 리스본(Lisboa)　　　　　　 … 375

부록 Camino de Santiago 산타아고 순례길 · 391

프롤로그

　해외 여행에서 가장 중요한 것 중에 하나가 바로 체력이다. 여행을 좋아하는 이라면, 특히 나처럼 이곳저곳 돌아다니는 것을 좋아하는 이라면 여행에서 체력이 얼마나 중요한지 알 것이다.

　자전거 여행을 하면서 체력이 어마어마하게 좋아졌다. 여행을 마쳤을 때, 허벅지는 엄청나게 단단해져 있었고, 볼록하게 솟았던 배는 어느새 쏙 들어가 있었다. 여행 기간 동안 그렇게 매일 먹고 마셨는데, 그만큼 매일 자전거로 운동을 해대니 결국 살이 몰라보게 빠졌다.

　이 자전거 여행은 내 삶의 많은 부분을 바꿔놓았다. 비록 지금은 그 여행 전으로 되돌아왔지만, 쏙 빠졌던 내 살만큼, 이 여행은 내 삶에 큰 족적을 남겼다. 적어도, 내가 이 세상을 살아가며 못할 것이 없겠구나 하는 자신감 하나만큼은 가슴 깊이 새길 수 있었다.

남들에게 마음껏 이야기할 수 있는 평생의 이야깃거리가 생긴 것은 덤이었다. 다른 이들의 부러움을 한껏 살 수 있는 인생의 엄청난 경험담을 벌써 갖게 된 것이다.

자전거 여행을 하면서 크게 느낀 점 중 하나는, 결국 내가 바뀌지 않으면 세상 그 무엇도 바뀌지 않는다는 가장 기본적인 사실이다. 오랜 여행을 마치고 돌아온 내 삶의 현장은 떠나기 전과 아무런 변함이 없었지만, 바로 '나 자신'이 변해 있었기에 나는 계속해서 이것저것 도전을 할 용기를 낼 수 있었다. 내가 페달을 밟지 않으면 자전거는 한 발짝도 나가지 않았다. 바퀴에 펑크가 나서 수리를 할 때, 내가 아무것도 하지 않고 있으면 자전거 바퀴는 아무리 시간이 지나도 바람이 차지 않았다. 내가 땀을 흘려 앞으로 나아가야, 내가 직접 어디가 펑크났는지 알아보고 수리를 해야, 아니면 적어도 자전거 수리점까지 자전거를 끌고 가서 수리를 맡겨야 펑크가 해결되지, 펑크난 자전거 타이어에 마법처럼 바람이 차는 일은 결코 일어나지 않았다.

아직 인생을 논할 나이는 아니지만, 우리네 인생도 똑같은 것 같다. 매일매일이 똑같은 하루이지만, 내 마음가짐이 어떠냐에 따라서 기분 좋은 하루가 되기도 하고, 최악의 하루가 되기도 한다. 기분 나쁜 일을 떨쳐버리지 못하고 계속 지니고 있으면, 자전거 바퀴에 저절로 바람이 차지 않듯이 나쁜 기분도 풀리지 않는다. 그 나쁜 일을 떨쳐내기 위해 스스로 노력하고 힘을 내야 기분도 풀리고 앞으로 나아갈 힘을 얻는 것이다.

수많은 친구들을 만난 것도 큰 복이었다. 정말로 다양한 부류의 사람들을 만났고 많은 이야기들을 나누었는데, 여행 앱으로 만난 친구들이기에 모두가 여행자들에게 참으로 관대했고, 또 그들에게서 많은 도움을 받았다. 그들이 아니었다면 이 여행이 결코 그렇게 성공하지 못했을 것이다. 또한 유럽의 많은 친구들이 한국인에 대해서 참으로 호의적이라는 사실을 알게 된 것도 큰 소득이었다.

프랑스는 정말 넓었다. 피레네산맥은 생각보다 훨씬 높았고, 스페인 북부도 정말 너무나 높은 산지의 연속이었다. 그렇게 세계 곳곳의 지리적 특징에 대해서도 자전거 여행이었기에 온몸으로 느낄 수 있었다.

산티아고 순례길을 걸을 때는 정말 많은 사람들을 만나었다. 세계 곳곳에서 이 길을 찾아온 이들 중에는 은퇴 후 인생을 되돌아보는 이도 있었고, 방학 중 멋진 추억을 쌓기 위해서 온 이들도 있었다. 물론 멀고 먼 지구 반대편에서 날아온 한국인들도 많았다. 세계 각국에서 모인, 성별도 나이도 직업도 모두 다른 그들의 공통점을 꼽자면 바로 산티아고 순례길과 점차 '사랑'에 빠지고 있다는 점이었다. 산티아고 순례길은 그 수많은 이들을 포근히 감싸줄 수 있을 정도로 크고 넉넉했다.

나의 여행은 중반에 접어들어 끝을 향해 달려갈 것이다. 추억은 더해지고, 만남은 이어지며, 기억은 쌓여간다. 유럽 대륙 곳곳에 아로새긴 소중한 추억들을 되돌아보며, 오늘도 나는 꿈속에서 행복을 달린다.

1.
프랑스

1.1. 작은 휴식의 도시, 아미앵(Amiens)

2016년 5월 24일(화).
일정 : 프랑스 릴(Lille) ~ 아미앵(Amiens)
이동방법 : 자전거 / 이동거리 : 약 118km

비가 내리는 통에 벨기에 브뤼셀에서 프랑스 릴까지는 기차를 타고 넘어왔다. 그런데 브뤼셀의 기차역에서 작은 사고가 있었으니, 자전거를 끌고 에스컬레이터를 오르다가 뒤로 구른 것이다. 열차를 타야 하는데 도저히 위로 오르는 계단을 찾을 수 없어서 자전거를 끌고 에스컬레이터를 탔는데, 이런 안전 불감증 덕에 뒤로 구르면서 몸 여기저기가 까졌고, 특히 안경이 콧잔등을 찍으면서 피가 굉장히 많이 났다.

다행히도 주위에서 도와주셔서 금세 사고를 수습하고 프랑스로 가는 열차에 탈 수 있었다. 큰 사고에 비해 잘 수습은 되었지만, 나의 부주의로 인해 생긴 이날의 상처는 여러 날 동안 나를 괴롭혔고, 결국 얼굴에 작은 훈장이 새겨지고 말았다.

프랑스는 유럽의 패권국이자 UN의 상임이사국으로서 국제 사회에서도 아주 중요한 나라로 손꼽힌다.

세계사적으로도 오랫동안 역사의 중심에 있었으며, 나폴레옹이 전 유럽을 손에 넣고 유럽을 제패한 적도 있지만, 2차 세계대전 기간 나치 독일에 의해 점령된 아픈 역사도 갖고 있다.

프랑스에 가서 안 사실이기도 한데, 프랑스는 세계적인 농·축산업 국가이기도 했다. 기후가 적당하고 농업에 적합한 영토가 많은, 그야말로 축복받은 곳이기 때문이다. 프랑스의 면적은 약 64만 ㎢(한반도 전체의 약 2.9배)나 되는데, 나는 프랑스 북동쪽에서 들어와서 남서쪽으로 내려가는 코스를 달렸기 때문에 프랑스 영토 전체를 가로지르며 아주 오랜 시간을 이 나라에서 체류하게 되었다.

프랑스에서의 첫 도시는 릴(Lille)이었다. 릴에 도착해서 제일 처음 간 곳은 병원이었는데, 사고로 인해 살이 너무 패여서 혹시 꿰매야 하나 걱정이 되었기 때문이었다. 유럽 입성 후 첫 병원행이었다.

병원에 접수하러 가서 영어로 대충 나의 상황을 설명하니 병원에서는 부랴부랴 영어를 할 줄 아는 의사를 방송으로 찾았다. 이내 한 의사가 뛰어나와서 나의 상태를 점검하고는, 크게 다치지 않았으니 안심하라며 어느 약국에서 어떤 약과 반창고를 사야 하는지 알려주었다. 병원비는 어떻게 되냐고 물었더니 의사 왈 "병원비는 괜찮으니 걱정하지 말고 그냥 가세요."

이때부터 갑자기 프랑스에 대한 호감도가 어마어마하게 상승했으며, 프랑스 사람들이 모두 천사처럼 보이기 시작했다.

그때 진료를 받았던 병원. 사막의 오아시스처럼 위기에 빠진 나를 돌봐주었던 곳이었다. 이 병원 관계자분들에게 정말 다시 한번 감사를 드린다.

의사가 휴대폰에 직접 적어준 처방전을 들고 약국을 갔다. 약국에서도 내 상태를 보더니 약을 주면서 약사가 '직접' 약을 바르고 반창고를 붙여 주었다. 약국에서 반창고를 붙여주는 서비스는 한국에서도 받아본 적이 없는데, 이곳 이역만리 타국에서 이런 극진한 의료 서비스를 받게 된 것이다.

정말 소중하고 고마운 체험이었다. 프랑스는 그렇게 최고의 이미지로 나에게 다가왔다.

어쨌든 릴에서는 병원에 다녀온 것 말고는 거의 한 것이 없었다. 갑자기 다치는 바람에 엄청난 스트레스를 받은 상태였고, 또한 너무 피곤하기도 했다. 그래서 이날은 Host[1]의 집에 도착해서 그냥 잠만 계속 잤다. 그렇게 푹 자고 일어나니 좀 살 것 같았다.

---

1) 이 책에서는 집주인-손님을 Host-Guest로 통칭하도록 하겠다.

다음 날 일어나니 다친 곳은 좀 쓰리긴 했지만 몸은 아주 상쾌했다. 극도의 긴장감에서 해방되었기 때문일까, 다시금 몸은 날아갈 것 같았고, 본격적인 프랑스 라이딩을 시작했다.

릴에서는 날씨도 흐렸고 사진도 거의 찍지 않았다.
몇 안 되는 릴의 사진 중 하나.

이날의 목적지는 아미앵(Amiens)이다. 아미앵은 프랑스 솜(Somme) 주의 주도이며, 아미앵 대성당으로도 유명하다.

아미앵으로 가는 길은 참 평온하고 고요했다. 작은 운하를 따라가는 이 길은 언덕도, 사람도 없는 자전거와 나만의 도로였다.

차단기 앞에서 잠시 휴식.

프랑스의 자전거 길은 고요했다.
나만 홀로 움직이는 것 같았다.

내가 프랑스에 있음을 가장 잘 나타내 주는 단어.
'봉쥬르'

프랑스의 마트 역시 가격이 아주 착했다.
특히 빵이 굉장히 저렴했다.
마트의 목 좋은 곳에 따끈따끈하게 보관되어 있던
이 빵들은, 불과 몇백 원에 팔리고 있었다.
심지어 정말 '맛있었다'

지금 달리는 자전거 도로는 유로 벨로 5.

그렇게 한참을 가다가 오후에 길 옆에서 굉장히 큰 기념비를 목격했다. 그냥 지나칠 수 없어서 들어가 봤더니, 1차 세계대전에 참전한 캐나다 용사들의 기념비였다. 이곳의 이름은 'Vimy Ridge(비미의 산등성이)'.

이곳 비미(Vimy)에서의 전투는 1차 세계대전 당시 단독 전투로는 가장 많은 사상자를 냈었다고 전해진다. 1917년 4월 9일부터 12일까지 3박 4일간의 전투에 캐나다 육군 4개 사단이 총출동했는데, 캐나다 군은 이 전투에서 무려 3,500여 명 사망, 7,000여 명 부상이라는 피해를 입었다고 한다. 이후 프랑스에서는 이곳 땅을 캐나다에 무기한 무상제공하기로 했고, 캐나다는 이곳에 'Canadian National Vimy Memorial'(캐나다 국립 비미 기념관)을 세웠고, 오늘날에도 많은 캐나다인들이 이곳을 방문한다고 한다.

이 전투로 인해 자녀를 잃어 슬픔에 잠겨 눈물을 흘리는 어머니 상이라고 한다.
이렇게 목숨 바쳐 자유를 위해 싸운 분들의 피 위에, 오늘날의 자유가 세워졌다.

수많은 피땀으로 물들었던 그 참호들은 이제는 양 떼들의 차지가 되어 있다.

길을 가는데 소들이 울타리 앞에서 대기하고 있었다.
축산업 역시도 프랑스의 주요 산업 중 하나이다. 갈색 젖소는 여기서 처음 보았다.

아미앵에 도착하니 자전거 도로가 아주 넓어졌다. 자전거 도로와 버스 전용도로가 같은 차선을 사용하기 때문이다.

엄청 넓어진 자전거 도로. 버스 전용차로와 함께 사용되고 있었다.
여기서 중앙선 침범은 상상도 할 수 없는 일 같다.

이날 밤은 Host와 함께 도심지도 한번 산책하고, 밴드가 있는 호프집에 가서 맥주도 한잔하고 들어왔다.

어떤 호프집에 가니 신기한 결제 시스템이 있었는데, 각 테이블에 있는 모니터에서 결제를 한 후에 즉석에서 맥주를 따라 먹도록 되어 있었다. 획기적이면서도 신기해보였다.

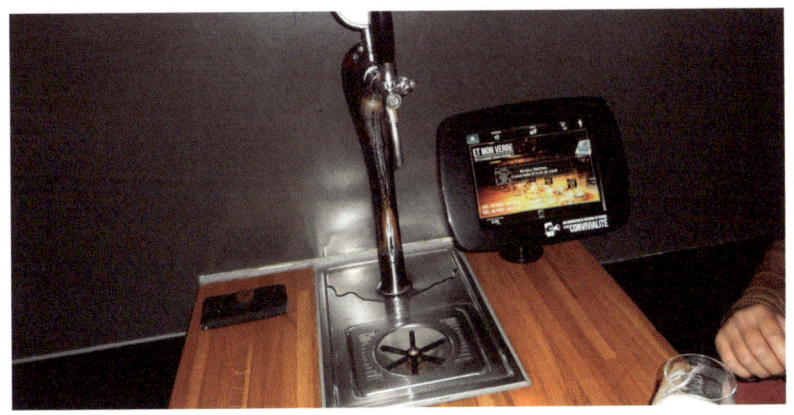

획기적인 시스템을 갖고 있던 아미앵의 호프집.

다음 날 낮에 아미앵 대성당(Cathédrale Notre-Dame d'Amiens/노트르담 드 아미앵 대성당)[2]을 찾았다. 아미앵 대성당의 위용은 정말 대단했다. 지금은 정교가 분리되어 있지만, 지금도 프랑스는 이탈리아와 함께 '가톨릭'의 나라로 통한다. 한때 교황이 프랑스 '아비뇽'에서 지낸 적도 있으니 말이다. 그만큼 크고 화려하고 멋진 옛 성당들이 많다.

---

2) 　노트르담(Notre-Dame)은 '우리들의 어머니', 즉 성모 마리아를 지칭하는 단어이다. 파리의 노트르담 성당이 제일 유명하지만, 노트르담 성당이라 함은 특정 성당을 지칭하는 것이 아니라, 성모 마리아에게 봉헌된 모든 성당이 갖게 되는 명칭이다.

어마어마한 위용을 드러내는 아미앵 대성당.

입구에 있는 석상. 석상들의 모습도 다 똑같은 것이 아니라, 다들 다른 모습을 하고 있다.
목이 잘린 석상은 목이 잘린 순교자를 나타낸다.

아미앵 대성당의 파이프 오르간과 내부의 다양한 장식들.

프랑스는 1차 세계대전의 승전국으로, 곳곳에 1차 세계대전 전사자 및 희생자를 기리는 기념물이 있다. 하지만 2차 세계대전 때는 독일에 점령되었었기 때문에 2차 세계대전 기념물은 거의 찾아보기 힘들다.

아미앵 대성당의 전면부.
노트르담 대성당과 아주 닮았다.

대성당 주변에 있던 시계탑.
정말 화려하고, 섬세하고 아름다웠다.

성당 구경을 마치고 돌아가는 길. 골목 사이로 보이는 거대한 대성당은 또 다른 웅장함으로 다가왔다. 이곳 사람들과 수백 년을 함께했을 아미앵 대성당.

아미앵 대성당 구경을 마치고 돌아와서 Host와 함께 저녁밥을 먹었다. 저녁은 집 마당에서 바비큐 파티! 입 안에서 살살 녹는 고기와 소시지, 달콤한 와인과 맥주까지, 충분한 휴식과 함께 아미앵 대성당이라는 멋진 볼거리 덕에 더 좋았던, 이보다 더 좋을 수 없는 아미앵에서의 행복한 시간이었다.

숯불 바비큐가 맛있는 건 전 세계 어디서나 똑같다.
마당에서의 만찬은 너무나도 행복한 시간이었다.

1.2. 오, 나의 파리(Paris)

2016년 5월 26일(목).

일정 : 프랑스 아미앵(Amiens) ~ 파리(Paris)

이동방법 : 자전거 / 이동거리 : 약 137km

아미앵에서의 편안했던 휴식을 마치고, 다음 목적지 파리로 향했다. 파리로 가는 길, 하늘은 구름 한 점 없이 맑았고, 파리에 입성하기에는 이보다 더 좋을 수 없을 만큼 멋진 날씨였다.

도심을 벗어나면 어김없이 나타나는 너른 들판. 이날은 수많은 풍력발전기도 함께 나타났다.

우리나라였으면 다 벼농사를 짓는 논이 아니었을까? 끝없이 펼쳐진 밀밭.

넓은 목장에는 소들이 평화롭게 풀을 뜯고 있었다.

1. 프랑스　27

작은 마을에서 만난 이름 모를 성당. 이 성당 앞에는 어김없이 1차 세계대전 참전 기념비가 서 있었다. 프랑스인들에게 2차 세계대전은 잊고 싶은 기억인 모양이다. 그 어디에도 2차 세계대전에 대한 내용은 보이지 않았다.

어느 작은 마을 성당 앞에 있던 1차 세계대전 참전 기념비.

이날은 오랜만에 식당에 들러서 점심을 먹었다. 파리에 가까워져서 그런지 군데군데 마을이 많아서 식당을 찾기도 쉬웠고, 점심을 오랜만에 좀 배부르게 먹고 싶었기 때문이다.

식당 안은 손님들로 가득 차 있었는데, 어딘가 모르게 조금은 독특한 나의 복장에 사람들이 좀 관심이 있었나 보다. 계산을 할 때 이것저것 묻길래 헝가리에서부터 포르투갈까지 자전거 여행 중이라고 했더니, 사장님과 몇몇 손님분들이 굉장히 놀라는 눈으로 바라보면서 갑자기 몇 배는 친절해짐을 느낄 수 있었다.

점심을 먹고 다시 출발했다. 오랜만에 배부르게 점심을 먹어서 그런지 한없이 늘어지는 그런 라이딩이었다.

나의 선택은 스파게티. 맛이 꽤 괜찮았다.

오랜만에 보는 유채꽃.

앞에는 자전거로 달리라고 했다가, 뒤에는 자전거 금지라….
이 표지판을 어떻게 해석해야 할지 정말 한참을 고민했었다…

드디어 파리 입성!

모든 여행객들의 선망의 도시, 화려한 패션과 예술의 도시, 문화와 역사의 도시, 프랑스뿐만 아니라 유럽의 중심이자 프랑스의 수도인 도시!

파리(Paris)!!! 파리(Paris)는 프랑스의 수도로서, 일 드 프랑스(Île-de-France, 우리나라로 치면 '도'의 개념인 '레지옹(région)' 중에서 파리가 속한 레지옹의 명칭)의 중심도시기도 하다.

파리의 면적은 약 105km², 인구는 약 230만 명이다. 파리의 행정구역은 총 20구로 나뉘어 있는데, 제일 중심에 있는 1구를 시작으로 나선형 방향으로 총 20개의 구역으로 나뉘어 있다.

우리나라 서울에 한강이 흐른다면, 파리의 중심에는 센강(La Seine)이 흐르고 있다. 파리는 전체적으로 평지를 형성하고 있으며, 파리에서 가장 높은 곳은 몽마르트 언덕(약 130m)이다. 때문에 이곳에 오르면 파리시 전체를 한눈에 볼 수 있다. 324m인 에펠탑에 올라도 파리 전체가 다 보이는 이유가 그 때문이다.

파리 출신 거주자를 남성은 빠리지엥(Parisien), 여성은 빠리지엔느(Parisienne)라고 부른다. 빠리지엥, 빠리지엔느. 살면서 한번은 듣고 싶은 그런 말이다. 얼마나 낭만적으로 들리는가.

파리는 프랑스 관광의 중심지이기도 하다. 개선문, 샹젤리제 거리, 에펠탑, 노트르담 대성당, 루브르 박물관, 오르세 미술관, 베르사유 궁전 등 세계적인 관광지가 모두 이 파리와 파리 근교에 있다.

스타드 드 프랑스(Stade de France). 생드니에 위치한 이 경기장은 8만여 명을 수용하는, 유럽에서 5번째로 큰 경기장이자 프랑스를 대표하는 경기장이다. 1998년 프랑스 월드컵 개막전과 결승전, 2003년 세계 육상 선수권, 2000년과 2006년 챔피언스리그 결승 경기, 유로 2016 개막전과 결승전 등 수많은 주요 국제대회를 개최한 바 있다.

파리의 교통 사정은 정말 역대급이었다. 대도시에서만 겪을 수 있는 엄청난 난이도의 교통지옥을 넘고 넘어, 겨우 Host의 집에 도착했다. 서울에서 눈 감으면 코 베어간다고 했던가? 이곳 파리는 더하면 더했지 덜하지는 않은 곳이었다. Host가 밤이건 낮이건 자전거를 절대 밖에 세워두면 안 된다고 했기에, Host의 집 지하 창고에 자전거를 보관했다. Host가 절단기로 잘린 자물쇠를 나에게 보여주며 파리의 치안에 대해서 설명해 주는데, 살벌했다. 왜냐하면 잘린 자물쇠 고리의 두께가 내 엄지손가락만 한 것이었기 때문이다!

파리지앵이 되는 꿈을 꾸며 깊은 잠을 자고 일어나, 다음 날 본격적인 파리 투어에 나섰다. 목표지점은 개선문이었는데, 가다보니 자꾸 이

상한 길로 가는 것이 아닌가! 헤매고 헤매다 겨우 아래로 내려왔는데, 사람들이 어느 한 곳을 향해 사진을 찍고 있기에 뒤돌아봤더니 '물랭 루주(Moulin Rouge)'가 있었다. 물랭 루주는 '붉은 풍차'라는 뜻으로, 1889년 문을 연 댄스홀이다. 간판 뒤로는 정말 붉은 풍차 하나가 당당히 서 있었다. 흰 건물들에 둘러싸인 물랭 루주는, 더욱 붉게 물들어 있었다.

물랭 루주를 구경한 후, 본래 목적지인 개선문으로 향했다. 파리에는 총 3개의 개선문이 있는데, 파리의 상징인 에투알 개선문(Arc de triomphe de l'Étoile)은 방사형 도로가 사방으로 뻗어 있어 혼잡하기로 유명한 샤를 드골 광장(개선문 광장으로도 불림) 한가운데, 파리 샹제리제 거리의 시작 지점에 있다. 1806년 나폴레옹의 명으로 착공이 시작되어 1833년 완공된 개선문은, 높이가 약 50m나 되는 거대한 문이다.

에투알 개선문. 흔히 파리의 개선문은 이 개선문을 뜻한다.

처음 개선문에 도착했을 때에는 개선문을 빙빙 도는 차들을 헤치고 어떻게 안으로 들어가는지 한참을 찾아보았다. 하지만 개선문으로 향하는 횡단보도는 그 어디에도 보이지 않았고, 더군다나 이곳은 신호등도 없어서 차들이 멈추지 않고 계속해서 달렸다. 그런데 개선문 아래쪽에 분명 사람들이 있고… 사람들도 다들 관광객들이라 물어봐도 안으로 어떻게 들어가는지 모른다는 대답뿐이었다. 그래서 자전거를 타고 빙글빙글 돌아봤는데, 샹젤리제 거리 쪽에서 오른쪽에 지하도가 나 있는 것이 아닌가! 혹시나 해서 들어가 봤더니 역시나 이 지하도를 통해서 개선문 아래로 들어갈 수 있었다.

개선문 위에도 한번 올라가보고 싶었으나, 끝없이 길게 늘어선 줄을 보고 이내 포기하고 말았다. 아무리 봐도 그 줄은 절대 줄어들 것 같지 않았다.

개선문 구경을 마친 후 곧장 에펠탑(Tour Eiffel)으로 향했다.

파리 마르스 광장에 세워진 에펠탑은 1889년 프랑스 혁명 100주년을 기념해서 개최된 세계 박람회를 위해 세워졌는데, 설계자인 구스타프 에펠(Gustave Eiffel)의 이름을 따서 지은 이름이다. 처음 에펠탑을 지을 때 수많은 파리 시민들이 보기 흉하다고 엄청난 반대를 했다던데, 지금은 파리의 상징이 되었으니 이 또한 역사의 아이러니다.

저 멀리서부터 너른 평지 위에 홀로 우뚝 선 에펠탑의 모습이 보이기 시작했다.

멀리 우뚝 서있는 에펠탑이 보인다.

뒤로 보이는 곳은 샤이요 궁(Palais de Chaillot)이다. 에펠탑의 정면을 촬영하기에 가장 좋은 장소라고 알려져 있다.

에펠탑의 위용. 가까이에서 본 에펠탑은 정말 높았고, 촘촘한 철골이 아주 매력적으로 느껴졌다. TV나 사진으로 보던 그대로의 모습으로 에펠탑은 거기 서 있었다. 그리고 생각보다 많이 컸다.

이런 뷰는 아마 처음인 분들이 많을 것이다. 이곳은 에펠탑의 바로 아랫부분이다. 이 아래가 어떻게 생겼는지 너무 궁금해서 한번 들어와 보았다.

에펠탑의 계단. 에펠탑은 총 3개 층으로 되어 있는데, 1, 2층은 계단으로도 갈 수 있고, 제일 위쪽인 3층은 엘리베이터로만 갈 수 있다고 한다. 계단은 각 층별로 300개 정도가 있다고 하니, 시간이 넉넉하고 체력이 허락한다면, 한번 도전해 봐도 좋을 듯하다.

    이날 날씨가 좋아서 그런지 에펠탑이 세워진 마르스 광장은 사람들로 가득 차 있었다. 에펠탑 앞 잔디밭으로의 가족 나들이라니, 정말 파리지앵, 파리지엔느들이 부러워지는 순간이었다.

에펠탑 앞쪽 광장의 잔디밭에서 봄볕을 즐기는 파리 시민들

에펠탑 구경을 마친 후 루브르 박물관으로 향했다.

루브르 박물관으로 가는 길은 마치 내가 야외 박물관을 관람하는 기분이 들게 했다. 곳곳이 예술작품으로 넘쳐났고, 수많은 볼거리가 눈에 들어왔다.

알렉산드르 3세 다리 (Pont Alexandre III) 의 기둥. 다리 기둥에도 예술의 혼을 갈아 넣었다.

도심 곳곳이 박물관이고, 역사의 현장이었다. 심지어 가로등마저 예술작품 같아 보였다.

1. 프랑스   37

콩코르드 광장의 오벨리스크와 대관람차

루브르 박물관에 도착하기 직전, 광장 바로 옆 튈르리 공원(Jardin des Tuileries)에서 빵과 우유로 점심을 먹었다. 파리 한복판에서 에펠탑과 대관람차를 바라보며 먹는 점심은 또 하나의 멋진 추억이 되었다.

튈르리 공원에는 파리에 있는 3개의 개선문 중에서 가장 먼저 세워진 개선문이 있는데, 바로 카루젤 개선문(Arc de Triomphe du Carrousel)이다. 이 개선문은 나폴레옹 1세의 전적을 기념하기 위해 만들어진 것인데, 이 개선문을 본 나폴레옹이 크기가 너무 작다고 문제 삼아서 아까 보았던 그 거대한 개선문(에투알 개선문)이 건립된 것이라고 한다.

카루젤 개선문. 큰 것을 먼저 보고 작은 것을 보니 뭔가 작고 아담하게 느껴지긴 했지만, 이것 역시 작은 것은 아니었다.

카루젤 개선문을 지나서, 드디어 루브르 박물관(Musée du Louvre)에 도착했다. 루브르 박물관은 영국 런던의 대영 박물관, 로마 바티칸 시국의 바티칸 박물관과 함께 세계 3대 박물관으로 알려져 있다.

이 루브르 박물관은 2008년 2월부터 한국어 안내 서비스를 실시했다. 그동안 다른 관광지에서 한국어 안내가 없어서 좀 불편한 점도 많았는데, 세계 3대 박물관 중 하나인 루브르 박물관에 한국어 안내가 있다는 점이 놀라우면서도 그렇게 반가울 수 없었다.

루브르에 도착한 나는 유리 피라미드 안쪽으로 들어와 보안 검색을 거친 후 티켓을 구매했다. 입구에는 지도가 있었는데, 다닐 때 꼭 들고 다녀야 했다. 너무 넓어서 길을 잃기 십상이기 때문이었다.

수많은 명화들이 벽을 가득 메우고 있다.

루브르 박물관을 돌아보며 느낀 점은, 정말 크고 방대하다는 점이었다. 너무나도 넓어서 다 돌아보는 것이 쉽지 않은데다가, 작품 사진 찍는 것도 한계가 있었다. 그래서 처음에는 마구 셔터를 눌러대다가 나중에는 그냥 내 마음이 가는 멋진 작품들만 몇 개 찍었다.

앞에 빼곡이 들어선 사람들 때문에 가까이에서 구경하기가 너무 힘들었던 모나리자. 덕분에 제대로된 모나리자 사진 하나 찍을수 없었다. 모나리자 사진은 직접 찍은 것이 아닌, 가져온 사진으로 대체한다. (출처: Pixabay)

그중에는 우리에게 너무 익숙한 그림인 들라크루아의 '민중을 이끄는 자유의 여신(La Liberté)', 레오나르도 다 빈치의 '모나리자' 등도 있었다. 특히 가장 인기 있는 작품인 모나리자는 생각보다 그림 크기가 작았는데, 도난의 위험 때문에 앞에 차단봉이 설치되어 있었고, 그 차단봉에 빼곡하게 수십 명의 사람들이 붙어 있어서 그림을 제대로 감상할 수가 없었다.

박물관에는 그 외에도 수천, 수만 점의 그림, 조각, 석상, 각종 보석 등 세계 각국의 진귀한 보물들이 빼곡하게 자리 잡고 있었다. 이 보물들을 어떻게 다 모았을까…. 이 박물관의 물건들은 프랑스에 원래 있던 것들도 많을 것이고 선물로 받은 것들도 물론 많겠지만, 제국주의 시절 외국에서 강제로 들여온 것들도 아주 많은 부분을 차지하고 있다고 한다. 그럼 적어도, 이들이 '강제로' 물건을 가져온 나라들에 대해서는 박물관 관람료 할인 혜택을 줘야 하는 것이 아닐까? 박물관에 들어서자마자 제일 먼저 만나게 되는 스핑크스를 보며, 그런 생각을 강하게 하지 않을 수 없었다.

어쨌든 이곳 루브르 박물관 구경만으로 하루 여행 코스를 잡아도 될 듯 보였다. 그만큼 풍성한 박물관이었다.

그다음으로 찾은 곳은 파리 노트르담 대성당(Cathédrale Notre-Dame de Paris)[3]이다. 센강의 시테 섬(Île de la Cité)에 있는 이 성당은, 1804년 나폴레옹의 대관식을 치렀고, 드골, 미테랑 대통령 등의 장례식이 거행된, 프랑스 역사의 중심에 있는 성당이기도 하다.[4] 또한 빅토르 위고의 소설 '노트르담의 꼽추' 이야기의 주 무대이기도 하다.

파리 노트르담 대성당 입구.

대성당 입구에서 우측에 있는 샤를 마뉴(Charlemagne) 청동상. 샤를마뉴 대제는 카롤루스(Carolus) 대제의 프랑스식 발음으로서 같은 인물을 지칭한다. 그는 신성 로마 제국의 시초를 이루는 인물로, '유럽의 아버지'로도 불린다.

3) 노트르담(Notre-Dame)은 프랑스에 있는 성당의 이름으로 흔히 사용되는 명칭이기 때문에, 이 성당을 지칭하려면 '파리'라는 지명을 넣어주는 것이 좋다.
4) 노트르담 드 파리 대성당은 불행히도 현지 시간으로 2019년 4월 15일 오후 6시 50분 경 일어난 대화재로 인해 건물 골조만 남긴 채 지붕과 목조 천장, 첨탑이 무너져 내렸다.

대성당의 모형.

대성당의 장미창.
지름 13.1m로 엄청난 크기를 자랑한다.

    그렇게 노트르담 대성당 구경을 마치고 나왔다. 파리는 역시 문화와 예술의 보고였다. 진짜 눈이 하루 종일 호강을 했다. 다리는 그만큼 피곤했다. 계속해서 걸어야 했기 때문이다.

    목이 말라 음료수를 사 먹으러 들른 동네 슈퍼마켓에서 또 놀라운 광경을 목격했으니, 무슨 와인 전문점처럼 수없이 많은 종류의 와인들이 벽면 한쪽을 가득 메우고 있었기 때문이다. 역시 와인의 나라다웠다.

와인 진열장의 모습. 와인 전문점이 아니라 그냥 동네 마트이다.

이어서 찾아간 곳은 산이 없는 파리의 유일한 언덕. 예술가들의 집합소이자, 여행객들의 낭만이 서린 곳, 몽마르트르(Montmartre) 언덕이다. 프랑스어로 Mont는 산, martyr는 순교자를 뜻한다. 즉, 몽마르트르는 순교자들의 산이라는 의미를 갖고 있는데, 이 언덕이 과거 천주교인들을 처형하던 장소였기 때문이다.

130m면 우리나라에서는 흔하디 흔한 언덕 높이지만, 파리에서는 아주 높은 언덕을 넘어 산 취급을 받는가 보다. 때문에 언덕이라는 단어(pente, hauteur, colline) 대신에 산(Mont)[5]라는 단어가 붙은 것이다. 몽(Mont)이 들어갔으니 몽마르트르 산이라고 하는 게 옳겠지만, 우리 관점에서는 그저 작은 언덕에 불과하기에 그냥 '언덕'이라는 단어를 꼭 붙이는 건지도 모르겠다.

---

5) 참고로 몽블랑(Montblanc)은 산(Mont)+희다(Blanc), 즉 흰 산이라는 뜻이다. 정상의 만년설 때문에 이런 이름이 붙었다.

몽마르트르 언덕에서 바라본 파리 시내의 모습.

몽마르트르 언덕 꼭대기에 있는 사크레쾨르 성당.

언덕의 꼭대기에는 파리에서 가장 높은 곳에 위치한 성당, 사크레쾨르 성당(Basilique du Sacré-Cœur de Montmartre)이 있다.

이 성당은 비잔틴 양식으로 만들어져서, 그동안 숱하게 봐온 뾰족한 고딕 양식 성당에 비해 매우 신선한 느낌으로 다가왔다. 성당 내부에는 세계에서 가장 큰 예수님 모자이크 장식이 있는데, 그 크기가 무려 475m²라고 한다.

성당 내부에 있는 예수님 모자이크.

파리 시내를 내려다보며 함께 데이트를 즐기기에도 아주 좋은 장소이다. 에펠탑이나 개선문처럼 돈을 내고 오랫동안 줄을 서서 기다릴 필요도 없으니까.

이 언덕 위 성당 주변은 또한 예술가들의 집합소이기도 했다. 프라하의 카를교가 그랬던 것처럼, 수많은 예술가들이 이곳에 와서 자신들의 끼를 마음껏 발산하고 있었다.

나의 귀를 즐겁게 했던 거리의 밴드.

몽마르트르 언덕이 수놓인 예술 작품들과 거리의 화가들.

그렇게 수없이 많은 즐거운 추억들을 남긴 채, 나의 눈을 한없이 즐겁게 했던 파리 여행은 끝이 났다. 자전거 위에서의 파리 도심 구경은 꽤 괜찮았다. 버스나 지하철을 기다릴 필요도 없었고, 비싼 택시를 여러 번 탈 필요도 없었다. 다만 하나의 단점은 분실의 위험 때문에 자전거 곁을 오랫동안 벗어날 수 없다는 것뿐이었다.

프랑스 파리. 아직도 그 도시의 이름을 들으면 설렌다. 그곳을 가봤기 때문에, 더욱 설렌다.

1.3. 화려함을 담다. 베르사유(Versailles) 궁전

2016년 5월 28일(토).
일정 : 프랑스 파리(Paris) ~ 베르사유(Versailles)
이동방법 : 자전거 / 이동거리 : 약 22km

루브르 박물관에 있던 어느 문 아래. 이곳에서 1시간도 넘게 비를 피해 서 있어야 했다.

파리 어느 건물 모퉁이에 있던 동상. 너무나도 멋진 모습에 사진을 찍지 않을 수 없었다. 프랑스의 유명 희극작가이자 배우인 몰리에르(Molière/1622.1.15.~1673.2.17.)의 동상이다.

 화려한 도시 파리를 지나 베르사유(Versailles)로 향했다. 나의 전생의 기억이 남아 있는 곳(이라고 말하면 거짓말이겠지)으로 가는 이날, 출발하자마자 엄청난 빗줄기를 만났다. 너무나도 거센 빗줄기 탓에 도저히 자전거 여행을 계속할 수 없어서 근처에 비 피할 곳을 찾아 들어갔는데, 공교롭게도 그곳은 어제 발바닥에 땀이 나도록 둘러본 루브르 박물관에 있는 커다란 문이었다.

1시간쯤 지났을까, 겨우 비가 그쳐서 다시 출발할 수 있었다. 파리는 곳곳에 보물들이 숨겨져 있어서, 마지막 떠나는 길에서도 내내 나의 눈을 즐겁게 해 주었다. 도시 전체가 마치 커다란 박물관 같았다.

베르사유는 파리에서 남서쪽으로 22km 정도 떨어져 있다. 덕분에 출발한 지 얼마 지나지 않아서 금방 도착할 수 있었다. 파리 근교의 이 작고 조용한 도시가 그토록 유명한 이유, 많은 사람들이 찾게 된 이유는 오직 하나, 바로 화려함의 극치를 달리는 프랑스의 보물, '베르사유 궁전(Château de Versailles)'이 있기 때문이다.

베르사유 궁전 근처에 오니 길이 굉장히 넓고 곧게 잘 정비되어 있었다.
과거에 왕의 마차가 다니던 길이라서 그렇게 만들었다고 한다.

베르사유의 Host 집에서 하루를 머무른 나는, 다음 날 Host와 함께 베르사유 궁전으로 향했다. 전날 밤 작은 에피소드가 있었는데, 내가 '베르사유' 궁전에 가는 것이 정말 기대된다고 하니 Host가 전혀 못 알아

듣는 것이 아닌가! 알고 봤더니, 프랑스 본토 발음으로 이 궁전의 이름은 '베르사이'였다.(영어로도 베르사이라고 읽는다.) 왜 언제 어디서부터 우리나라에서 이 궁전을 베르사유라고 부르기 시작했는지 모르지만, 프랑스인들에게 '베르사유'라고 이야기하면 프랑스인들은 하나도 못 알아듣는다는 것을 그제야 알게 되었다.

어쨌든, 전 세계적으로 가장 유명한 궁전 중 하나인 베르사유 궁전은, 세상에서 가장 화려한 궁전을 지으라는 태양왕 루이 14세(Louis XIV)의 명령에 따라 짓기 시작했다고 한다. 약 50년간 지어진 이 궁전은, 내부 구석구석 어느 한 곳 빠지는 데 없이 화려하게 꾸며진, 화려함의 극치를 달리는 궁전이다.

이 궁전은 입구부터 남달랐다. 궁전 바깥의 담장마저 금색으로 번쩍번쩍 빛이 나고 있었으니 말이다.

베르사유 궁전은 그 입구부터가 남달랐다.
번쩍번쩍 빛나는 금으로 치장된 난간은, 베르사유 궁전이 얼마나 화려한 곳인가를 여실히 드러내고 있었다.

이날은 실내 구경을 하기 전에 먼저 정원 구경부터 했다. 흐린 날씨 때문에 언제 비가 올지 몰랐기 때문이다.

정원은 마치 루브르 박물관 야외 전시장 같았다. 곳곳에 박물관에나 있을 법한 아름다운 석상과 조각상, 청동상들이 곳곳에 가득했고, 정원의 조경들은 거대하면서도 섬세하고, 화려하면서 독창적인 아름다움을 뽐내고 있었으며, 음악 분수대는 걸어다니느라 지친 이들의 피로를 씻어주고 있었다.

정원 뒤로는 그랑 카날(Grand Canal)이라고 하는 십자 모양의 대운하가 있는데, 총 길이가 무려 1.5km나 되는 이 인공 운하는 보트 파티를 위한 장소로 사용되었다고 한다.

베르사유 궁 정원에 있는 다양한 석상들과 정원의 모습.

그랑 카날 앞 연못에 있는 아폴론 분수(Le char d'Apollon).

베르사유 궁전의 그랑 카날.
저 멀리 끝없이 이어진 것이 수백 년 전에 인간의 힘으로 만든 운하라니 믿기지가 않았다.

운하에 있는 노 젓는 배.
이날은 비가 와서 배를 타는 이가 없었다.

쁘띠 뜨리아농의 전경

이어서 찾아간 곳은 정원에서 조금 떨어진 곳에 있는 '마리 앙투아네트의 집'이라고 불리는 '쁘띠 뜨리아농(Petit Trianon)'이다. 루이 16세의 부인인 마리 앙투아네트(Marie-Antoinette)가 바로 이곳에서 지냈다고 한다.

마리 앙투아네트의 기품이 느껴지는 그녀의 그림과 실내 장식.

이어서 그랑 뜨리아농(Le Grand Trianon)으로 갔다. 이곳은 쁘띠 뜨리아농과는 달리 Grand(큰, 거대한)라는 이름에서 느껴지듯 크고 웅장한 궁이었는데, 루이 14세의 별궁이라고 한다. 이곳의 대리석은 특이하게도 붉은 빛이 감돌아서 아주 아름답고 이색적으로 느껴졌다.

그랑 뜨리아농의 고귀한 자태.

그랑 뜨리아농은 뭔가 더 크고, 화려하고, 섬세한 느낌이었다.

내부의 홀은 갤러리로 사용되고 있었다.

이제 본격적으로 베르사유 궁전 안에 들어가 볼 시간. 궁전은 정말 '거대하다'라는 말이 딱 어울리는 곳이었다. 그 옛날 이렇게 거대한 궁전을 짓다니, 당시 프랑스의 국력이 상상이 가면서도 왜 이 궁전을 지은 후 프랑스 혁명이 일어났는지도 이해가 갔다. 그야말로 서민들의 노동력을 '갈아 넣어서' 만든 궁이었을 테니까.

궁전의 외관. 멀리서 보면 그 거대함에 한번 압도당하고, 가까이 다가가면 그 섬세함과 화려함에 다시 한번 압도당한다.

궁 내 왕가에서 사용한 성당. 성당 내부는 그 어느 유럽의 대성당 못지 않게 화려했다.

궁의 내부. 궁의 내부는 지금껏 봐왔던 그 어느 궁보다도 화려했고, 구석구석 눈길이 가지 않는 곳이 없었다. 눈이 가는 모든 곳이 작품이었고, 모든 곳이 반짝이고 있었다. 루이 14세가 괜히 태양왕이 아니었나 보다.

베르사유 궁전에서 가장 유명하고 가장 화려하며 가장 많은 사람들로 붐비는 곳. 바로 거울의 방(La galerie des Glaces)이다. 총 길이 73m, 너비 10.4m, 높이 13m의 거대한 크기를 자랑하는 이 방은, 17개의 창문이 정원을 향해 나 있으며, 반대편에는 거울이 있어서 창문을 비춘다. 187년 시작된 보불 전쟁(프로이센-프랑스 전쟁)에서 독일이 승리하였고, 1871년 1월 18일 독일 제국의 황제 빌헬름 1세가 이곳에서 독일 제국을 선포함과 동시에 제국의 황제로 즉위하였는데, 이후 1차 세계대전에서 독일은 프랑스에게 지고 말았다. 1919년 6월 28일 1차 세계대전에서 승리한 프랑스가 독일을 다시 이 방으로 불러들여 베르사유 조약을 체결함으로써 공식적으로 제1차 세계대전이 종결되었으며, 독일 제국 역시 해체되었다. 프랑스 왕국의 꽃인 이 방은 아이러니하게도 독일 제국의 시작과 끝이기도 했다.

그렇게 길고 긴 베르사유 궁전 구경을 끝냈다. 정말 하루 종일 둘러봤는데도 뭔가 더 볼 게 남은 것 같은, 한번 본 것만으로는 너무나도 부족했던 그런 곳이었다. 꼭 이곳에 다시 한번 방문하는 그날이 빨리 오길 바라 보며 궁전 투어를 끝냈다.

궁전 투어의 마지막 기념품 숍. 기념품에서마저 프랑스의 기품이 느껴지는 듯했다.

이곳 Host와 들른 궁전 근처의 마카롱 가게. 이곳 마카롱이 그렇게 맛있다며 자랑을 하길래 먹어봤더니 진짜 맛있긴 맛있었다. 본고장 마카롱은 역시 뭐가 달라도 달랐다.

1.4. 빛나는 보석을 가진 도시, 샤르트르(Chartres)

2016년 5월 30일(월).
일정 : 프랑스 베르사유(Versailles) ~ 샤르트르(Chartres)
이동방법 : 열차 / 이동거리 : 약 72km

샤르트르(Chartres)로 가는 날, 이날도 비가 너무 많이 내려서 어쩔 수 없이 기차를 타게 되었다. 자전거 여행을 하면서 한 번씩 기차나 버스로 이동하는 일이 있었는데, 이때 좋은 점은 시간이 많이 남는다는 점이었고, 나쁜 점이라면 체력이 넘쳐나서 밤에 잠을 설친다는 점이었다.

이곳은 2층 열차가 다녔다.
막상 안은 텅텅 비어 있는데 말이다.

열차 안. 빈 구석에 자전거를 세우고,
나는 그 옆에 앉아서 여행을 시작했다.

이날은 열차 덕에 이렇게 편안하게 샤르트르(Chartres)에 도착했다. 이 도시에서 가장 유명한 것은 아름답기로 유명한 스테인드글라스가 있는 샤르트르 대성당(Cathédrale Notre-Dame de Chartres)이다.

이날 자전거 대신 열차를 탔더니 샤르트르에 너무 일찍 도착해버렸다. Host가 오기까지는 너무 많은 시간이 남아서 어쩔 수 없이 시내 관광을 해야 했는데, 자전거에 짐을 실은 채로 비가 간간이 내리는 도시를 여행할 수는 없는 노릇이었다. 그래서 눈에 보이는 호텔로 무작정 들어가서 짐을 맡아줄 수 없냐고 물어보았는데, 아주 흔쾌히 짐을 맡아주는 것이 아닌가! 비에 젖은 내 몰골이 불쌍해서 그랬는지도 모를 일이지만, 어쨌든 서비스 만점인 호텔 덕분에 나는 짐을 다 내려놓고 홀가분한 마음으로 샤르트르 도심 투어를 시작할 수 있었다.

점심을 가득 먹은 덕에 빵빵하게 부른 배를 잡고 성당으로 향했다. 이 성당의 이름은 샤르트르 노트르담 대성당(Cathédrale Notre Dame de Chartres)으로 1979년 유네스코 세계문화유산으로 등록되었다고 한다. 이 성당의 자랑은 바로 좌우가 서로 다른 얼굴을 하고 있는 첨탑과 내부의 화려한 스테인드글라스, 그리고 성모님이 예수님을 낳을 때 입었다고 전해지는 옷의 조각이다.

대성당 내부의 화려한 스테인드 글라스.

이 성당의 가장 큰 특징이라 할 수 있는 두 개의 첨탑.
오른쪽이 로마네스크 양식으로 지은 106m 높이의 옛 탑이고,
왼쪽이 고딕 양식으로 지은 115m 높이의 새 탑이다.

성당 벽면의 섬세한 조각들.

성모님께 봉헌된 성당(노트르담)답게 많은 성모상이 있었다.

세상 그 어느 조각보다 화려하고 멋있었던 샤르트르 대성당 제대에 있는 성상.

대성당 구경을 마친 나는 도시 구경에 나섰다. 샤르트르는 인구가 약 3만 명 정도밖에 되지 않는 작고 조용한 소도시였다.

샤르트르에는 작은 강이 흐르고 있었다. 바로 센강(La Seine)의 지류인 외르강(La Eure)이다. 시내를 흐르는 부분은 너비가 좁아서 개천 같은 느낌이었는데, 이 강가에는 집들이 빼곡히 들어차 있었다.

도심 투어를 계속하다가 다른 성당도 찾아서 들어가게 되었다. 생피에르 성당(église St. Pierre)이라는 곳인데, 오랜 역사가 생생히 느껴지는 성당이었다. 또한 조용하고 평화로운, 마음이 편안해지는 그런 곳이었다. 성당 내부는 유적 발굴이 있는지 발굴터가 보존되고 있었다.

성당이 높은 곳에 있어서 그런지 경사가 급한 곳이 많았다.

어느 건물의 멋진 계단.

샤르트르의 강가. 조용한 이곳은 흐르는 강물마저 멈춰 있는 듯 느껴졌다.

생피에르 성당(église St. Pierre)은 11~13세기에 지어진 성당이라고 한다. 성당의 외관에서 오랜 역사가 느껴진다.

유명한 성당이 아니더라도, 이런 보물이 곳곳에 숨어 있었다.

    샤르트르는 나에게 오랜 역사를 간직한 조용한 도시로 남았다. 이 도시에서 만난 성당들도 그랬고, 계속 비가 추적추적 내려서 그런지 거리에서 사람을 거의 볼 수 없었기 때문이다. 마치 마음껏 구경하라고 도시를 텅 비워준 듯, 그렇게 도시는 고요했다.

성당 근처에서는 반가운 산티아고 순례길 표지를 다시 만날 수 있었다. 나는 나도 모르게 벌써 산티아고 순례길을 걷고 있었던 것이다!

Host의 집으로 가는 길. 평범한 건물의 벽면을 아름다운 그림이 멋지게 장식하고 있었다.

1.5. 홍수를 만나다. 잔 다르크의 숨결이 있는 곳, 오를레앙(Orleans)

2016년 5월 31일(화).

일정 : 프랑스 샤르트르(Chartres) ~ 오를레앙(Orleans)

이동방법 : 자전거 / 이동거리 : 약 75km

   이른 아침 Host들이 출근하러 나왔고, 나도 출발 준비를 마치고 나왔다. 그런데, 그런데 비가 도통 그치지를 않았다. 아니, 더욱 거세게 내리기 시작했다. 한 치 앞도 보기 힘든 거센 빗줄기 탓에, 나는 처마 밑에서 한참을 서성이며 비가 조금이나마 잦아들기를 기다렸다.

이날은 시작부터 난관이었다. 비가 너무 너무 많이 내렸다.
나중에 결국 어차피 다 젖을 운명이었지만, 출발은 그래도 비가 내리지 않을 때 하고 싶었다.

   비가 너무 많이 내려서 가다 서다를 반복했다. 방수 덮개와 비닐봉투로 촘촘히 싸맨 가방들은 그나마 괜찮았는데, 내 몸이 문제였다. 우의를 입고 자전거를 타니 몸은 천근만근이었고, 안경에 물이 잔뜩 튀면서 시야도 흐려졌다. 때문에 이날은 들어갈 수 있는 실내가 보이면 들어가서 비를 피하다가 비가 좀 잦아들면 다시 출발하기를 반복할 수밖에 없었다.

하늘은 온통 잿빛이었고, 들판도 도로도 잔뜩 젖어 있었다.

거리에는 개미 새끼 한 마리 지나가지 않았다.
오직 나만 움직이고 있었다.

비를 피해 들어간 어느 건물 안. 버스정류장 혹은 작은 쉼터 같았다. 비를 피하기에는 정말 안성맞춤이었다.

나무가 한쪽으로 휘는 게 보일 정도로 거센 바람도 불기 시작했다. 진짜 태풍급 비바람이었다.

어디쯤이었을까, 잠시 비를 피하며 기다리는데 수십 대의 군용 차량들이 내 앞을 지나갔다. 우리나라 군부대에서만 보던 군용 차량들의 행렬을 보며, 왜 저 차량들이 이 시골에서 비바람이 몰아치는 중에 저렇게 많이 지나가나 궁금했는데, 잠시 후 그 이유를 알 수 있었다.

내가 가는 길목에 홍수가 발생했고, 센강, 루아르강 할 것 없이 모두 넘쳐흐른 것이다. 그래서 군인들이 주변 도로를 통제하러 지나간 것이었다. 우리나라에서도 한 번도 홍수를 직접 경험해본 적이 없었는데, 이역만리 타국 땅에서 자전거 여행을 하다가 홍수를 만나다니, 이 여행에서 정말 이런저런 다양한 경험들을 많이 하는구나 싶었다.

나는 결국 군인들이 차량 통제를 하는 곳에 다다랐고, 비를 맞으며 이제 어떻게 해야 하나 가만히 서서 이런 저런 고민을 하고 있었다. 그런데 그때 큰 카메라를 멘 한 남자가 내 팔을 잡아끌고는 어디론가 데려갔는데, 다름 아닌 홍수 대피소였다. 알고 보니 이 남자는 지방 신문의 사진 기자였고, 나를 프랑스의 홍수 대피소로 데려간 것이었다.

덕분에 팔자에도 없던 프랑스에서의 홍수 대피소 체험을 다 하게 되었다. 그가 나를 데려간 곳은 어느 학교의 실내 체육관이었는데, 그곳에는 여러 개의 매트와 간단한 침구가 놓여 있었고, 따뜻한 차와 물, 각종 쿠키와 초콜릿, 사탕 등의 간식이 제공되었다. 이때 가장 처음 들었던 생각은 이거였다. '우리나라였으면 어묵 국물이나 컵라면이 있었을 텐데…' 그랬다. 따뜻한 한국의 국물이 너무나도 그리웠다. 따뜻한 차 한잔으로는 채워지지 않는 그런 무엇인가가 있었다. 정말 어쩔 수 없는 한국인의 피가 내 몸속 가득 흐르고 있음을 느꼈다.

나를 이곳에 데리고 온 친구는 나에게 그곳을 간단하게 소개해주며, 무리하게 여행하지 말고 이곳에서 하룻밤 묵었다 가라고 권하였다. 하루 종일 비를 맞으며 여행하는 바람에 체력이 거의 바닥났던 나는, 그의 충고를 새겨들으며 일단 날씨를 보고 판단을 내리기로 결정했다.

대피소 내부. 학교 체육관인 듯 보였는데, 너무나도 깔끔한 실내가 인상적이었다.

피난 온 이들을 위한 간식. 정말 이날만큼 컵라면이 간절했던 적이 없었다.

그렇게 대피소에서 휴식을 취하니 체력이 금방 다시 회복되었다. 따뜻한 차와 초콜릿을 먹으니 추위가 싹 가시는 느낌이었다. 다행히 시간이 지나자 비가 조금씩 잦아들었고, 다시 길을 떠나기로 결정을 내렸다. 이방인인 나를 이곳까지 데리고 와준 은인과 작별 인사를 나누며, 힘차게 페달을 다시 밟았다.

홍수 대피소를 나와서도 고난의 연속이었다. 물이 무릎까지 차오르는 교차로를 자전거를 끌고 겨우 건너기도 했고, 또 얼굴이 따가울 정도로 휘몰아치는 거센 비바람 때문에 잠시 바람 반대 방향으로 돌아서서 있기도 했다.

결국, 예정 시간보다 훨씬 늦긴 했지만 무사히 목적지에 도착했다. Host는 친구들과 함께 자취를 하는 학생이었는데, 그녀와 함께 사는 친구들 모두 나를 보고는 눈이 휘둥그레졌다. 이날 비가 정말 엄청나게 내려서 내가 도착하지 못할 것으로 예상했는데, 이런 비바람을 뚫고 결국 도착을 했기 때문이었다. 내가 도착했을 무렵, 이들이 사는 도시를 흐르는 루아르강은 범람 위기에 있었고, 홍수 소식이 곳곳에서 들려오기 시작했다.
이날은 도착하고 나서 정말 손가락도 까딱할 수 없었다. 도착하자마자 개인 정비를 마친 후, 그대로 뻗어버렸다.

이 집에 함께 살던 고양이. 화장실에서 씻고 나오니 문 앞에 저렇게 누워 있었다.
마치 '빨리 나랑 좀 놀자'라는 듯이. 아니면 '뭘 봐?' 이 뜻인가?

오를레앙(Orleans)은 루아르 강을 끼고 있는 프랑스 중북부 루아레 주(Loiret)의 주도이다. 영국과의 백 년 전쟁(1337~1453) 중인 1428년 말 이 도시는 영국군에게 포위되어 있었는데, 프랑스 구국의 영웅인 잔 다르크(Sainte Jeanne D'arc)가 1429년 5월 영국군을 격파하여 오를레앙을 해방시켰다. 이 승리는 백 년 전쟁의 중요한 전환점이었고 프랑스 승리의 발판이었기에, 잔 다르크는 이후 '오를레앙의 처녀(혹은 동정녀 / la Pucelle d'Orléans)'라는 별칭을 얻게 되었고, 천주교 성녀의 자리에까지 오르게 되었다.

때문에 오를레앙 곳곳에는 잔 다르크의 흔적이 남아 있는데, 잔 다르크 박물관, 잔 다르크의 일대기가 묘사된 스테인드글라스가 있는 오를레앙 대성당(오를레앙의 성 십자가 주교좌 대성당, Cathédrale Sainte-Croix d'Orléans), 잔 다르크 동상 등 그녀를 기억하는 많은 장소가 있다.

전날 완전 곯아 떨어졌었는데, 다음 날 다행히 어느 정도 체력이 회복되어 다시 길을 떠날 수 있었다. 언제 비가 올지 몰라서 이날도 채비를 서둘렀는데, 자전거에 짐을 가득 싣고 출발했기에 시내 투어는 간단하게 할 수밖에 없었다.

광장 한가운데 당당히 서있는 잔 다르크 동상.

잔뜩 흐린 날씨 때문인지 광장은 매우 한산했다.

오를레앙 대성당으로 가는 길.
곧게 뻗은 대로 끝에 오를레앙 대성당이 웅장한 자태를 뽐내고 있다.

오를레앙 대성당의 입구.
앞의 사람이 마치 난쟁이처럼 작게 보인다.

오를레앙 대성당 내부. 오를레앙 대성당은 내부의 스테인드글라스가 특히 예뻐보였다.

 짧은 오를레앙 구경을 마치고, 다음 도시 블루아(Blois)로 향했다. 홍수가 난 루아르강을 따라가는, 만만치 않은 여정이 나를 기다리고 있었다.

1.6. 루아르강 고성투어의 시작, 샹보르 성 (Château de Chambord)과 블루아(Blois)

2016년 6월 1일(수).
일정 : 프랑스 오를레앙(Orleans) ~ 블루아(Blois)
이동방법 : 자전거 / 이동거리 : 약 67km

루아르강은 이미 넘칠 대로 넘쳤고, 하늘은 여전히 잔뜩 흐려 있었다. 하지만 사나이 가는 길에 후퇴는 없는 법, 나는 다음 목적지 블루아까지 열심히 페달을 밟기 시작했다. 오를레앙에서 블루아로 가는 길은 루아르강을 따라가는 여정이었다. 이 루아르강 유역에는 수많은 프랑스 고성들이 몰려 있는데, 흔히 '프랑스 고성 투어'라고 하는 단독 투어 상품으로도 많이 팔려나가는 세계적인 여행 코스이기도 하다.

하지만 내가 경험한 루아르강은 이런 로맨틱함과는 조금 거리가 멀었다. 며칠간 계속된 비로 인해 강은 흙탕물로 변해서 세차게 흘렀고, 곳곳이 범람해서 도로가 통제된 상태였다. 다행히 이날은 비가 그리 많이 내리지 않았고, 나는 최대한 안전에 유의하며 다음 도시로 향했다.

보장시(Beaugency)라는 동네에 있는 다리 '보장시 다리(Le Pont de Beaugency)'. 아주 오래된 다리인 듯 보였다. 높아진 수위 때문에 다리의 교각이 거의 물속에 잠겼다.

홍수가 난 강물 위, 수많은 새들이 날아오르는 모습이 장관이었다.

홍수로 인해 흙탕물로 변해버린 루아르강.

멀리 발전소가 보인다. 이 발전소 이름은 생로랑 원자력 발전소(Centrale Nucléaire de Saint-Laurent). 1980년에 프랑스 최악의 원전 사고로 일컬어지는 4등급의 원자력 사고가 난 적이 있다고 한다.

    그렇게 물이 잔뜩 찬 루아르강 유역을 천천히 여행하던 나는, 중간에 약간 돌아가는 길을 택했다. 왜냐하면 루아르강 고성들 중에서도 아름답기로 손꼽히는 '샹보르성(Château de Chambord)'을 들르기로 결정했기 때문이었다. 본격적인 '루아르강 고성 투어(Chateaux de la Loire)'의 시작이었다.

블루아로 가는 길. 다행히 자전거 도로 일부 구간은 강 옆에 둑을 쌓아서 높게 만들어 놓았기 때문에 큰 어려움 없이 갈 수 있었다.

성으로 가는 길 옆에 있는 숲. 홍수의 영향인지 이곳도 물 천지였다. 성으로 가는 길. 울창한 숲 사이로 난 길을 하염없이 달렸다.

긴 여정 끝에 어느새 도착한 샹보르성(Château de Chambord). 샹보르성은 루아르강의 고성 중에서 가장 큰 성으로서, 1519년 건축을 시작해서 1658년 최종적으로 완공되었으며, 길이가 150m가 넘고 400개가 넘는 방을 가진 거대한 성이기도 하다.

울창한 나무숲 사이로 멀리 거대한 성이 조금씩 모습을 드러내고 있다.
홍수가 난 직후인데도 엄청난 수의 관광객이 이곳에 와 있었다.
근처에는 대형버스 여러 대가 서 있었는데, 대부분 단체 관광객인 듯 보였다.

샹보르성의 웅장한 자태. 성의 지붕 일부가 공사 중이었다. 성 앞에 강물이 범람해서 거대한 호수를 이루고 있었다.

성 앞에 도착했을 때, 사람들이 성으로 다가가지 않고 멀리서 바라보며 사진을 찍고 있었다. 나는 왜 이 많은 사람들이 성으로 가지 않는 것인지 궁금해하며 성으로 가는 길을 찾아보았다. 그런데 그 길은 어디에도 보이지 않았다. 이 성 앞에는 작은 강이 하나 흐르는데, 그 강이 범람해서 성으로 가는 길을 막은 것이었다. 즉, 나는 프랑스 사람들도 좀처럼 보기 힘든, 물이 넘쳐버린 샹보르성을 보게 된 것이었다. 몇몇 용감한 사람들은 물이 얕은 곳을 골라가며 조심스레 성으로 향하기도 했는데, 자전거와 짐을 함께 끌고 가야 했던 나는 성으로 다가갈 수 없었고, 멀리서나마 지켜보는 것으로 만족해야 했다.

몇몇 용감한 사람들이 가장자리 튀어나온 부분을 통해서 성으로 가고 있다.
아름드리 나무의 밑동도 모두 물에 잠겨 있다.

그렇게 나의 루아르강 고성 투어 첫 번째 성인 샹보르성은, 쉽게 볼 수 없는 물에 잠긴 모습을 보여주며 내가 먼발치에서 바라보는 것만을 허락해 주었다. 하지만 샹보르성은 멀리서 바라본 모습도, 일부러 찾아온 시간이 아깝지 않을 만큼 충분히 아름다웠다.

그렇게 성 구경을 마치고 다시 길을 나섰다. 하늘은 여전히 잔뜩 흐렸지만 다행히도 비는 내리지 않았다. 하지만 물을 잔뜩 머금은 들판은 거센 바람에 무겁게 흔들리고 있었다.

흐린 하늘과 프랑스의 들판. 비는 더 이상 만나기 싫었다.

멀리 강 너머에 보이는 도시가 바로 '블루아'이다.

블루아(Blois)는 프랑스 중심에서 약간 북쪽의 루아르 강변에 있는 도시로서 루아르에셰르(Loir-et-Cher)주의 주도이다. 1498년에 왕위에 오른 루이 12세의 출생지가 바로 블루아성인데, 이때 블루아는 파리에 버금가는 중요한 도시로 떠오르기도 했다. 또한 잔 다르크가 오를레앙을 해방시키러 출정을 한 장소가 바로 이 블루아다.

블루아에서는 원래 하룻밤만 머물 생각이었는데, 루아르강 유역에 홍수가 심하게 나서 자전거 도로 곳곳이 잠겨 있던 데다가, 강 유역의 고성들까지 물에 잠겨 구경하는 게 힘든 상황이 되자 생각이 좀 바뀌었다. 그래서 이곳 Host에게 하루 더 머물러도 되는지 양해를 구했고, 다행히도 선뜻 허락을 해 주어서 이틀 밤을 머무르게 되었다.

성당의 외관.

블루아에 도착한 날 성대한 대접을 받은 나는 다음 날 느지감치 일어났다. 그동안 빗속을 뚫고 자전거 여행을 하느라 몸이 많이 피곤했었는지, 아침이 되어서도 몸을 일으키기가 쉽지 않았기 때문이었다.

다행히 Host가 집에 있었기 때문에 늦게 일어나도 괜찮았고, 함께 아침을 먹은 후 블루아 시내 투어에 나섰다.

먼저 찾아간 곳은 생 뱅상 드 폴 성당(Église Saint-Vincent-de-Paul)이었

다. 블루아 성으로 가는 길에 우연히 들른 이 성당은 거대하지만 섬세한 아름다움을 가진 성당이었다.

아름다운 성당 내부. 그림과 성상, 스테인드글라스 등 많은 볼거리가 있었다.

성당 안에 있던 피에타 상. 피에타(Pieta)는 이태리어로 슬픔을 뜻하는데, 성모 마리아가 예수님의 죽음을 애통해하는 장면을 다룬 주제로 만들어진 모든 예술 작품을 지칭한다. 대표적인 것이 바티칸 성 베드로 대성당에 있는 미켈란젤로의 피에타 조각상이다.

성당 구경을 마친 후 블루아성(Château de Blois)으로 향했다. 블루아성은 루이 12세가 왕위에 오른 이후 몇몇 프랑스 왕들이 거주하기도 했으며, 1429년 잔 다르크가 영국군에게 포위당한 오를레앙을 구하기 위해 출정하기 전, 랭스 주교에게서 축복을 받았던 곳이기도 하다.

이 성에는 고슴도치와 도마뱀 문양이 아주 많다. 왜냐하면 고슴도치는 루이 12세(Louis XII, 1462~1515)의 상징물이고, 불도마뱀은 프랑수아 1세(Fransois I, 1494~1547)의 상징물이기 때문이다.

블루아성의 입구. 입구 위쪽 기마상은 블루아성에서 태어난 루이 12세(Louis XII, 1462~1515)다. 루이 12세는 아들이 없었기 때문에, 그의 뒤를 이어서 사위인 프랑수아 1세(Fransois I, 1494~1547)가 왕위에 올랐다. 프랑수아 1세는 본격적으로 블루아성의 개보수를 시작하였다.

성 곳곳에서 발견할 수 있는 불도마뱀과 고슴도치.
각각 프랑수아 1세와 루이 12세의 상징물이다.

블루아성은 안에 있는 전시물만으로도 하나의 거대한 미술관 같았다. 다양한 초상화, 조각, 그릇, 벽면의 모양과 심지어 창문 살까지…. 하나하나가 모두 눈을 떼지 못할 정도로 아름다움을 간직하고 있었다.

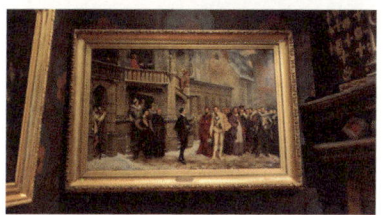

왕의 거처답게 블루아성 곳곳은 수많은 장식과 상징물, 그림과 희귀한 그릇들로 가득했다.

왕의 의자. 푸른 바탕에 백합꽃 무늬는 부르봉 왕조의 문장이다. 스페인 국기를 자세히 보면 방패 가운데 원 안에 이 문양이 들어가 있는데, 스페인의 보르본 왕조가 바로 부르봉 왕조에서 갈라져 나왔기 때문이다.

피아노의 전신인 하프시코드(harpsichord). 이것 자체가 하나의 예술 작품이다.

이곳에 머물렀던 왕족들이 사용했을 침대.
의외로 침대는 조금 밋밋하다는 느낌이 들었다.

그렇게 한참을 돌아다니다가 밖으로 나왔다. 이 성은 외부에도 곳곳에 구경할 곳이 넘쳐흘렀다.

외부로 돌출된 이 계단이 바로 이 성에서 가장 아름다운 부분인 '프랑수아 1세 계단'이다.

성의 위쪽을 더욱 멋지게 꾸며주는 가고일[6].

걸작이라고 여겨지는 옛 건물들이 대부분 작은 것 하나 빠지지 않듯이, 이 건물 역시 옥상에서 내려오는 물받이마저 이렇게 멋지게 꾸며놓았다.

---

6) 기능적으로는 빗물이 흐르도록 건물 밖으로 돌출되어 있는 물받이 홈통인데, 다양한 괴수의 형태를 하고 있기 때문에 이것을 보는 재미도 쏠쏠하다.

경당 내에는 대주교에게 축복을 받는 잔 다르크의 모습을 그린 그림이 남아 있다.

성의 전체 모형.

성 내에 있던 작은 경당

성에서 바라본 블루아 시내와 루아르강.
이곳에서 블루아 시내를 바라보고 있으니, 꼭 과거 중세 시대로 시간 여행을 온 기분이 들었다

그렇게 첫 번째 '성 내부 투어'를 마쳤다. 성은 생각보다 컸고 화려했으며, 볼거리도 아주 많았다. 무엇보다도 구석구석 빠지지 않고 빼곡히 채워놓은 여러 예술품들이 내 눈을 즐겁게 해주어서 아주 만족스러웠다. 앞으로 구경할 다른 성들이 더욱 기대되기 시작했다.

성을 나오는 길에는 항상 기념품 숍이 있었다.
기념품 속 사진을 통해 다른 성들도 살짝 엿볼 수 있었다.

1.7. 프랑스 대홍수. 넘쳐버린 루아르강(La Loire).

2016년 6월 2일(목).
일정 : 프랑스 블루아(Blois)

블루아성 구경을 하고 도심 투어까지 마친 나의 목적지는, 원래 블루아에서 가장 가까운 곳에 있는 슈베르니성(Château de Cheverny)이었다. 하지만 홍수 때문에 그곳으로 가는 길은 경찰에 의해 모두 차단된 상태였다. 우리나라에서는 유럽의 기록적인 폭우로 파리에 홍수가 나고 센강이 범람할 위험에 빠져서, 모나리자를 비롯해 루브르 박물관의 지하 창고에 보관된 예술품 약 25만 점을 지상으로 옮긴다는 뉴스 정도로 나왔었는데, 현장에서 직접 확인한 홍수 피해는 많이 심각했다.

강변에 만들어진 산책길은 온데간데없고, 강이 되어 버렸다.

다리 교각은 거의 잠겨 있고, 상판만 겨우 물 밖에 나와 있다.

블루아에서 슈베르니성으로 가려면 반드시 지나가야 하는 길이 있었다. 그런데 그 길은 거대한 호수로 변해 있었다. 이곳 사람들도 이런 광경을 오랜만에 보는지 많은 이들이 나와서 구경을 하고 있었고, 몇몇 용감한 사람들은 물에 잠기지 않은 곳을 겨우 찾아내어 억지로 길을 건너고 있었다.

수많은 사람들이 물에 잠긴 도로를 하염없이 바라보고 있었다. 몇몇에게 물어보니 이들도 처음 겪는 큰 물난리라고 했다.

도로도, 주차장도 모두 거대한 호수로 변했다.

이 와중에 신난 아이들.

살짝 솟은 풀밭 위를 걸으며 용감하게 어디론가 향하는 사람들.

오리들의 놀이터가 된 주차장.

도심 뒤쪽 작은 정원들도 모두 물에 잠겼다. 건물들은 겨우 지붕만 내밀고 있는 상태였다.

거대한 호수가 되어버린 도로.

사거리에 경찰이 바리케이트를 쳐놓고 통제를 하고 있었다. 동네 뒤로 홍수가 크게 났었다.

그렇게 홍수가 난 지역으로의 이동을 포기하고, 다시 강을 건너서 구시가지로 왔다. 이곳은 고지대가 많아서 다행히도 피해를 거의 입지 않았다.

홍수가 난 지역과는 달리 한없이 평화로워 보이는 블루아의 랜드마크 중 하나인 드니 파팽[7]의 계단(L'escalier Denis Papin)을 바라보며, 다사다난했던 블루아에서의 여행을 마무리하였다.

---

7) 블루아 출신(1647~1712)의 프랑스 물리학자, 수학자, 발명가. 증기기관의 개척자로 알려져 있다.

드니 파팽의 계단.

블루아 도심의 자전거 도로. 좁게 형성된 구시가지 구석구석을 자전거로 돌아다닌 덕에, 나는 이 도시를 좀 더 가까이 느껴볼 수 있었다.

1.8. 본격 루아르강 고성 투어. 쇼몽성, 앙부아즈성, 쉬농소성

2016년 6월 3일(금).
일정 : 프랑스 블루아(Blois) ~ 투르(Tours)
이동방법 : 자전거 / 이동거리 : 약 83km

좋은 Host를 만난 덕에 홍수로 지친 심신을 모두 회복한 후, 블루아를 떠나 투르로 향했다. 블루아에서 투르로 가는 길은 그냥 쭉 갈 수도 있지만, 나는 몇 군데 들러볼 곳이 있었다. 이 길의 테마는 바로 고성 투어. 자동차로 빠르게 이동하는 것도 아니고, 홍수라는 변수도 있었기에 나는 내가 가는 길에서 크게 멀지 않은 성 세 곳을 둘러보기로 했다. 그 세 성은 쇼몽성, 앙부아즈성, 쉬농소성이었다.

아직 도로 곳곳이 통제 중이다.

강변에 설치된 자전거 도로는 모두 물에 잠겨 있었기에, 나는 어쩔 수 없이 차도로 달렸다. 차들과 함께 달리는 것이기에 무리하지 않고 여유를 갖고 천천히 달렸는데, 이곳의 차들은 자전거에 대한 배려 운전이 몸에 배어 있는 듯했다. 그 먼 길을 달리는 동안 그 누구도 나에게 경적을 울리지 않았고, 나를 추월해서 갈 때는 나에게서 멀찍이 떨어져서 돌아감으로써 내가 안정감 있게 달릴 수 있도록 해주었다.

먼저 방문할 곳은 쇼몽성(Château de Chaumont). 여행 지도 및 정보를 좀 얻고자 이 성 근처에 와서 여행정보센터에 들렀는데, 이곳에서 정말 내 취향을 저격하는 어마어마하게 아름다운 그림들과 마주치게 되었다. 나는 본래 나의 목적지도 잊은 채 한참 동안 이 그림들을 감상하였다.

이곳에서 전시하며 판매하는 그림이었다.
가격은 190€ 부터 2,000€ 까지 다양했는데, 사고 싶은 마음을 억누르느라 정말 힘들었다.

눈 호강을 끝내고 원래 목적지 쇼몽성으로 향했다. 쇼몽성은 10세기 경 블루아의 백작인 오도 1세(Odo I)에 의해 처음 지어졌는데, 1465년 해체되었다가 재건된 후, 1550년 이태리 출신으로서 프랑스의 왕비이자 섭정인 카트린 드 메디시스(Catherine de Médicis)에게 인수되었다. 이후 여러 차례 소유가 바뀐 끝에 지금은 프랑스 정부가 소유하고 있다고 하며, 오늘날에는 수십 개의 테마 정원으로 잘 알려져 있다.

성으로 올라가는 길에 바라본 루아르강. 성이 높은 곳에 있어서 다행히도 홍수 피해를 전혀 입지 않았다.

루아르강을 바라볼 수 있도록 설치된 벤치.

쇼몽성의 모습. 만화에 나오는 성을 그대로 옮겨 놓은 듯한 아름다운 모습이다.

성의 내부. 옛 모습 그대로 재현되어 있는 실내 장식들 덕분에 보는 즐거움이 쏠쏠했다.

성 안에 있는 작은 경당. 이 작은 경당 안을 예술작품이 가득 메우고 있었다. 빈틈없이.

성을 나와 정원으로 향했다. 여러 개의 테마 정원들이 각자의 개성을 뽐내고 있었다.

아름드리 커다란 나무들이 성을 더욱 아름답게 꾸며주고 있었다.

쇼몽성 구경을 마치고 앙부아즈성으로 향했다. 가는 길은 역시 루아르 강을 끼고 달리는 길이었는데, 중간에 아주 독특한 창고와 집들이 내 눈길을 끌었다. 굴을 파놓고 그 옆에 집이나 창고를 지어 놓은 곳이었는데, 그 안쪽은 와인 저장고로 사용되는 듯했다.

작은 언덕 아래쪽을 파서 만든 동굴들. 내부는 와인 저장고로 이용되는 듯했다. 와인을 한잔 맛보고 싶었으나, 사람이 아무도 없어서 아쉽지만 그냥 되돌아 나올 수밖에 없었다.

곧이어 도착한 곳은 앙부아즈성(Château d'Amboise). 원래 평범한 성이었는데 이태리 원정을 다녀온 프랑수아 1세가 르네상스 문화에 심취하게 되면서 여러 이태리 예술가들을 데려와서 성을 꾸미기 시작했고, 그때부터 손꼽히게 아름다운 성으로 거듭나기 시작했다. 그때 들어온 예술가 중 한 명이 바로 '레오나르도 다 빈치(Leonardo da Vinch,

1452~1519)'. 레오나르도 다 빈치는 이곳에서 생을 마감했고, 현재 그의 유해는 이 성에 있는 성당인 성 위베르 성당에 묻혀 있다.

 이 성을 여행하면서 참 좋았던 점은 바로 '한글 안내서'가 있었다는 점이다. 우리나라 사람들이 워낙 레오나르도 다 빈치를 좋아해서 그런지 모르겠는데, 한국인들이 이곳을 아주 많이 찾는다고 한다. 덕분에 한글 안내서가 비치되어 있어서 성을 둘러보는 데 아주 큰 도움이 되었다.

아래에서 바라본 앙부아즈성의 모습. 도심에 지어진 성들은 보통 이렇게 높은 곳에 위치해 있었다.
덕분에 자전거를 타고 간 나는 도착해서 다시 한참을 올라가야 했다.

성 위베르 성당. 성 위베르는 사냥의 수호성인으로, 첨탑에는 그를 기념하기 위해 사슴뿔 장식을 해놓았다.

성 안에서 보면 자그마한 성당이지만, 바깥에서 보면 아주 높은 곳에 위치한 성당이다.

성 위베르 성당의 내부.

성당 바닥에는 레오나르도 다 빈치의 무덤이 있다.

앙부아즈성의 모습.

성에서 바라본 마을의 전경.

성과 마주한 길에 마주한 상점들은 모두 카페였다. 이곳에서 마시는 커피는 과연 어떤 맛일까?

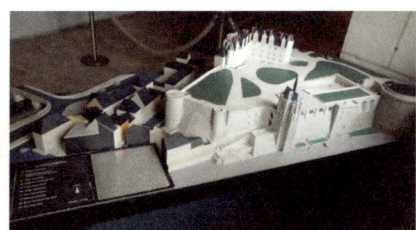

앙부아즈성의 모형.

어전 회의실.

프랑수아 1세의 상징물인 도마뱀 문양. 견고한 요새인 이 성은 프랑스 왕들의 어린 시절 양육을 위한 곳으로 사용되기도 했다.

왕의 의자, 부르봉 왕가의 문양이 빼곡이 그려져 있다.

앙리 2세의 침실에 있는 침대.

벽난로의 장식에도 부르봉 왕가의 문양이 새겨져 있다.

술 시종의 방.

에스더 여왕의 연회라는 작품이다. 17세기 제작된 태피스리[8] 작품이다.

---

8) 태피스트리(영 : tapestry) / 태피스리(프 : Tapisserie)는 섬유 소재를 사용해서 만든 실내 장식물이다. 다채로운 색실로 무늬를 짜 넣은 것인데, 주로 벽걸이나 장식용 덮개로 쓰인다.

오를레앙 방이라는 곳이다. 사방이 붉은 색으로 치장되어 있었다.

오를레앙 공작부인으로서 1793년 앙부와즈 성의 상속녀가 된 '아델라이드 드 부르봉-빵티에브르(1753~1821)'의 초상화.

음악실이다. 다양한 악기들이 붉은 계통의 인테리어와 잘 어우러져 있다.

루이-필립 1세(1773~1850)의 공식 초상화.

가운데 작은 초상화와 사진은 알제리의 영웅, 에미르 압델 카데르의 모습을 담은 것이다.

좌측의 정원은 '나폴리 테라스'라고 하는 곳이다. 15세기 말 나폴리 출신의 정원 설계사 돔 파첼로 다 메르코글리아노(Dom Pacello da Mercogliano)가 설계했다고 한다.

정원 한쪽 레오나르도 다빈치의 흉상. 원래 이 자리에 그의 무덤이 있었다고 한다.

정원의 모습. 동글동글 구슬을 박아놓은 듯한 조경이 참 인상적이었다.

레바논 삼나무라고 하는 이름의 나무. 정말 너무나도 인상적이면서도 멋진 나무였다.

성 한쪽 오리엔탈 정원이라고 하는 곳에는 프랑스어와 아랍어로 각각 비문이 쓰인 비석이 있었다. 중세 프랑스의 성안에 아랍어라니, 어울리지 않는 조합에 어떤 곳인지 궁금해져서 유래를 찾아보았다. 과거 알제리는 프랑스의 침략을 받았는데, 조국의 식민지화에 저항했던 에미르 압델 카데르(Abd-el-Kader, 1808~1883)는 1847년 12월 결국 프랑스에 항복하였다. 그 후 부인, 자녀들, 부하들과 함께 프랑스로 이송되었는데, 이곳에서 감금되어 체류했던 적이 있다고 한다. 후에 그는 프랑스 정부에 의해 조국이 아닌 시리아 다마스쿠스로 옮겨져서 결국 1883년 5월 그곳에서 사망했지만, 그와 함께 왔던 다른 이들은 이 성에서 사망했다고 한다. 이 비석은 그들을 추념하고 있는 비석이며, 모든 묘석들은 메카를 향하고 있다고 한다.

오리엔탈 정원에 있는 비문.

이역만리 멀고 먼 남의 나라에 끌려와서, 죽을 때까지 얼마나 조국을 그리워하며 지냈을까. 이 비석이 작은 위로가 될 수 있길.

이렇게 앙부아즈성은 두 개의 큰 역사, 레오나르도 다 빈치를 통해 더욱 꽃피운 프랑스의 예술의 역사와, 제국주의 시절 수많은 침략을 감행했던 프랑스 제국주의와 그에 저항해서 알제리 민족 해방을 이끈 독립 영웅의 역사를 함께 볼 수 있는 의미 있는 곳이었다.

이날 마지막으로 찾아간 성은 쉬농소성(Château de Chenonceau)이었다. 내가 찾아간 이날, 이 성은 강가에 위치한 탓인지 관광객이 거의 없었다. 이 성은 성 자체가 루아르강의 지류인 쉐흐강(Le Cher)을 가로지르는 다리이기도 하며, 그 독특한 외관 탓에 루아르강 고성을 대표하는 성으로 뽑히는 곳이기도 하다. 현재의 성은 1500년대 방앗간이 있던 곳에 르네상스 양식의 성을 올린 것이다.

성으로 가는 길. 아주 울창하고 아름다운 나뭇길을 지나면 성이 나온다.

작은 스핑크스가 다리를 지키고 있었다.

드디어 모습을 드러낸 쉬농소성.
길을 따라와서 처음 마주치는 곳은 성의 측면인데, 이곳에서 보는 성은 작고 보잘것없어 보인다.

1. 프랑스

이 성은 강 쪽에서 봐야 진면목을 볼 수 있다.
강을 가로지르는 독특한 디자인으로 많은 사랑을 받는 쉬농소성.

태양왕 루이 14세의 초상화. 이 초상화가 있는 방이 바로 루이 14세 응접실(Salon Louis XIV)이다.

이 그림의 주인공은 차례로 루이 15세의 정부가 되었다고 전해지는 멜리 네슬레(Mailly-Nesles)의 세 자매이다.

이 벽난로에는 'Sil Veint A Point Me Sowiendra'라는 문구가 새겨져 있는데, 그 뜻은 '이 성이 완성되면 사람들이 나를 기억할 것이다'이다. 이 성을 건축한 토마스 보이에 (Thomas Bohier)가 남긴 말이라고 한다.

교각 부분인 지하는 주방이 있었다. 이 날 이곳에 있으니 거센 물소리가 그대로 전해졌고, 내 몸이 휘청이는 것처럼 느껴졌다.

갤러리라고 불리는 대회랑. 강을 가로지르는 60m×6m 크기의 거대한 연회 장소이다.

앙리 2세의 정부였던 디안 드 푸아티에(Chambre Diane de Poitiers)의 침실. 그녀는 왕비인 카트린 드 메디시스와 권력을 두고 평생을 다투었다.

성에 있는 왕실 성당. 프랑스 혁명 당시 파괴될 위험에 처하기도 했고, 2차 세계대전 당시에는 폭격으로 스테인드글라스가 파괴되기도 했다.

디안 드 푸아티에 방에 있는, 그녀의 평생 정적이자 앙리 2세의 왕비인 카트린 드 메디시스(Catherine de Medicis)의 초상화. 그녀는 앙리 2세가 죽은 후 디안 드 푸아티에에서 이 성을 빼앗았다. 남편과 사별한 후에는 애도의 뜻이 담긴 검은 옷을 주로 입어서 '검은 왕비'라는 별명이 붙기도 했다.

성 내부 구경을 마치고 바깥으로 나왔다. 성 바깥 정원은 홍수로 인해 곳곳이 침수되는 바람에 제대로 된 관람을 할 수가 없었다. 하지만 좀체 보기 힘든 물에 잠긴 쉬농소성의 정원을 본다는 것으로 위안을 삼으며 정원 구경에 나섰다.

쉬농소성이 강 위에 지어진 성이기 때문에, 정원은 당연히 강변에 자리잡고 있었다. 이날 찾아간 정원은 곳곳이 물에 잠겨 있었다.

이처럼 오랜 고성은 나무도, 화분도 모두 평범하지 않았다. 모두 나름대로의 특별한 멋을 뽐내고 있었다. 조경 자체가, 또 화분 그 자체가 하나의 작품이었다.

쉬농소성 정원에 있는 식당 옆 건물인데, 1차 세계대전 당시 야전 병원으로 이용된 모양이다. 당시의 사진과 함께 그때 당시 사진과 엑스레이 등 다양한 물품들이 전시되어 있었다.

정원의 조경과 건물들은 질서정연하게 매우 잘 정돈되어 있었다.

기념품 가게 안에 있는 다양한 물품들. 성이 그려진 지갑은 정말 너무나도 탐나는 물건이었다.

이렇게 나만의 루아르강 고성 투어를 마친 후 다시 투르를 향해 힘차게 페달을 밟았다. 이날 성을 세 군데나 들러서 시간이 많이 흘렀는데, 해가 지기 전에 투르에 도착해야 했기 때문이다. 곳곳이 여전히 침수되어 있어서 가는 길이 그렇게 호락호락하지는 않았지만, 별 탈 없이 목적지에 잘 도착할 수 있었다. 그렇게 넘실대는 강을 넘고 건너서 드디어 투르에 도착했다.

곳곳의 길이 막혀 있어서 되돌아가는 일도 많았고, 어느 곳에서는 물이 도로와 거의 같은 높이까지 차올라 있었다. 그 때문에 평소 같으면 아무것도 아닌 길도 이날은 최악의 난코스가 되기도 했다.

1.9. 흥겨운 자전거 축제, 투르(Tours)

2016년 6월 4일(토).
일정 : 프랑스 투르(Tours)

투르(Tours)는 루아르강 유역과 그곳에 있는 여러 고성들을 둘러볼 수 있는 관광의 중심지이자, 주요 도로와 철도가 지나는 교통 요충지이기도 하고, 2차 세계대전 중에는 1944년 독일 후퇴 당시 폭격으로 도시의 1/4이 파괴되기도 한 슬픈 역사를 지닌 곳이다.

전날 여러 성들을 둘러보느라 늦게 도착한 나는 푹 자고 일어난 다음 투르를 여행하기로 했다. 이날은 Host가 좋은 정보를 주었는데, 그것은 바로 이날 투르에 자전거 축제가 있다는 것이었다!!! 때문에 부푼 기대를 안고 투르 시내 구경에 나섰다.

도심 외곽지역에는 이처럼 현대적인 건물과 아파트들이 늘어서 있었고, 전차도 운행하고 있었다.

Hôtel de ville de Tours. 처음에 이름만 봤을 때는 호텔인 줄 알았는데, 알고 봤더니 시청 건물이었다. 어쩐지 시의 중심가에 있더라니⋯. 프랑스어로 'Hôtel de ville'가 시청을 뜻한다는 것을 나중에야 알게 되었다.

투르 시내의 모습. 도로와 건물이 일직선으로 쭉 뻗어 있다. 양옆으로 전차 레일도 보인다.

투르 시내에는 곳곳에 이런 옛 유적들이 있었다. 그리고 그 위에 건물들이 세워져 있었다.

이어서 찾아간 곳은 투르의 중심인 플리뮈르 광장(Place Plumereau). 수많은 사람들이 나와서 한가로운 토요일을 즐기고 있었고, 흥겨운 노랫소리와 사람들의 대화 소리가 흘러넘치고 있었다. 약간 흐린 날씨였지만, 휴일을 즐기는 프랑스인들의 여유가 느껴지는 곳이었다.

시간이 지날수록 광장에 사람들이 모여들기 시작했다.
이곳 광장 곳곳에는 아주 오래되었음직한 건물들이 늘어서 있었다.

이어서 성 마르틴 대성당(Basilique Saint-Martin de Tours)을 방문했다. 이 성당 안에는 마르티노 성인(Sanctus Martinus Turonensis, 316 – 397)의 무덤이 있는데, 그는 투르의 주교를 지냈던 인물이다. 헝가리 출신인 그는 군인으로 살다가 세례를 받은 후 수도사가 되었고, 이후 371년 투르의 주교가 되어 여생을 병자 등 약자들을 위해서 살았다고 한다. 그는 오늘날 프랑스와 군인들의 수호 성인이며, 그의 유해가 모셔진 경당은 프랑스 최초의 순례지가 되었다.

성 마르틴 대성당.
순백의 외관이 눈에 띈다.

순백으로 꾸며진 내부에 아름다운 그림과 조각, 성물들로 가득했다.

지하 경당의 제대.

1996년 9월 21일 성 교황 요한 바오로 2세가 다녀갔음을 알려주는 표지판. 교황 요한 바오로 2세는 아직도 유럽 전역에서 사랑받고 있는 교황이다.

성당을 나와서 다시 시작한 투르 시내 구경. 투르 시내 곳곳에는 정말 오래되었음직한 건물들이 수두룩했고, 그중 몇몇은 아직도 사용하고 있었다.

길에서 발견한 엄청 오래된 건물. 내부를 사용하고 있어 더 놀랐다.

도심 한가운데 덩그러니 서 있는 건물의 벽 잔해. 과거와 현재가 공존하는 느낌이다.

그렇게 투르 시내를 돌아다니다가 시간이 다 되어 자전거 축제장으로 갔다. 그곳은 이미 축제의 열기로 후끈 달아올라 있었고, 많은 사람들이 출발 준비를 하며 축제에 참여하고 있었다.

축제의 메인은 말이 끄는 마차를 자전거로 따라가며 투르의 명소를 둘러보는 것이었다. 참가자들은 주최 측에서 나눠준 노란 조끼를 모두 착용하고 참가했으며, 경찰이 교통 통제를 도왔다. 밴드의 연주는 어깨가 절로 들썩일 정도로 흥겨웠고, 사람들의 입에서는 웃음이 떠나지 않앞다. 머리가 하얗게 센 어르신부터 꼬마, 아기까지 각자 자신의 자전거를 타고 도심을 한 바퀴 도는 이 여행은, 나에게는 정말로 색다르면서도 즐거운 경험이었다.

즐거웠던 자전거 축제. 많은 프랑스 사람들과 함께 어울릴 수 있었던 즐거운 경험이었다.

형광 조끼를 입고 늘어선 자전거 축제 행렬

여행을 마치고 근처 다리에서.
강물은 아직 다리를 위협하듯 흐르고 있었고,
분명 마른 땅이었을 강변 부근은 강의 일부가 되어 있었다.

생 가티앵 대성당의 정면. 뭔가 굉장히 화려하면서도 복잡한, 새로운 느낌의 성당이었다.

즐거운 축제를 즐긴 후 투르의 자존심이라고 할 수 있는 생 가티앵 대성당(Cathédrale Saint-Gatien)으로 찾아갔다. 투르의 첫 번째 주교인 성 가티앵(St. Gatien)의 이름을 딴 생 가티앵 대성당은, 1170년에 처음 짓기 시작했는데, 중간에 중단되기도 하고 화재로 소실되기도 하면서 오랜 기간에 걸쳐 지어졌다. 공사는 최종적으로 1547년 끝이 났는데, 거의 400년이나 걸린 공사 기간 덕분에 성당은 프랑스 종교 건축에 있어서 중요한 자리를 차지하고 있다. 이 한 건물 안에 로마네스크 양식과 고딕 양식, 르네상스 양식이 모두 혼재되어 있기 때문이다.

내부는 하나의 작은 갤러리였다.
수많은 성화들이 벽면을 가득 채우고 있었다.

창문을 수놓은 스테인드글라스들.

성당 내부에는 특이하게 예수의 12제자들 그림이 있었다.

 이날 이 성당에서는 아주 뜻깊은 시간도 있었다. 반주를 틀어 놓은 것인지 반주 연습을 하는 것인지 모르겠는데 성당 내부에 아름다운 파이프 오르간 연주 소리가 흘러나온 것이다. 나는 한참 동안 성당 의자에 앉아서 성당 안에 울려퍼지는 오르간 소리를 감상할 수 있었다. 계속 연주를 듣고 있으니 마음 한구석이 뭉클해지기도 했다. 그만큼 심금을 울리는 연주였다.

성당 좌우 양쪽 끝에는 파이프 오르간과 거대한 성화가 있다.

자연 그대로의 돌을 갖다놓아 더욱 독특해보이는 제대.

그렇게 멋진 체험을 하고 돌아오는 길, 프랑스에서의 밤을 그냥 보낼 순 없기에 슈퍼마켓에 들러서 와인 한 병을 샀다. 가게에는 너무나도 많은 종류의 와인이 진열되어 있어서 고르는 게 쉽지 않았는데, 가게 주인의 추천을 받아 와인을 사 와서 마셨다. 세계적으로도 유명한 와인이라는데, 우리 돈 단돈 3.99€. 정말 유럽의 생활 물가는 상상 그 이상으로 저렴했다.

프랑스 슈퍼마켓의 와인 코너. 이곳이 와인 전문점인지 일반 슈퍼마켓인지 헷갈릴 정도로 엄청난 종류의 와인이 팔리고 있었다. 추천을 받아서 산 보르도 와인. 너무나도 맛있게 술술 넘어갔는데, 보르도가 '세계적인 와인 주산지'인 것은 나중에야 알았다.

1.10. 김치, 김밥, 불고기, 푸아티에(Poitiers) 가는 길.

2016년 6월 5일(일).
일정 : 프랑스 투르(Tours) ~ 푸아티에(Poitiers)
이동방법 : 자전거 / 이동거리 : 약 109km

정말 오랜만에 하루 종일 달리는 기분이었다. 푸아티에로 가는 길은 대부분 평지였고, 약간 흐린 날씨는 오히려 달리기에 좋았다. 물론 비가 오지 않는다는 것, 그것 하나만으로도 대만족이었다.

내가 이날 달린 길은 유로 벨로 3. 산티아고 순례자들의 표식인 가리비 문양이 선명하다.

이날은 여행을 하면서 특별한 만남들이 많았는데, 첫 번째 특별한 만남은 바로 '염소 치즈 축제' 현장이었다. 아주 작은 시골 마을을 지나고 있었는데, 수많은 차량들이 길가에 주차되어 있는 것이 어째 직감적으로 축제나 행사가 있을 것 같아서 가봤더니, 아니나다를까 축제가 한창 열리고 있었다.

이 행사의 메인이라 할 수 있는 염소 조형물. 젖에서 우유가 나오는 것까지 아주 디테일하게 재현해 놓았다.

즐거운 축제의 현장. 사람들이 모여서 즐겁게 음식을 나누고, 기념품을 사고팔고, 축제의 모습은 모두 엇비슷해 보인다.

여행을 하다가 이런 깃발이 나부끼고 차들이 줄지어 주차되어 있다면, 그곳은 십중팔구 축제의 현장! 절대 그냥 지나치지 말 것.

축제장을 나오고 나니, 다시 숲길이 이어졌다. 울창한 나무숲 사이로 곧게 뻗은 도로를 달리며, 중간 중간 쉬기도 하고, 숲을 지나서 초원지대로 나와서는 중간중간 목장도 구경하고 예쁜 집들도 구경하며 여행을 이어갔다. 무심한 듯 이어지는 수풀 사이로 느닷없이 한 번씩 툭툭 튀어나오는 아름다운 집들은, 나의 여행에 활력을 불어넣어주는 최고의 비타민이었다.

이 술 한잔과 치즈 한 조각을 먹었다. 가격은 비싼 것 같기도 하고 싼 것 같기도 한 1유로.

1. 프랑스   127

울창한 밀림을 헤치고 가는 듯한 느낌의 길.

잠시 휴식을 취하며.

이 조형물은 과연 무슨 뜻일까? '자동차는 결국 인간의 손으로 만들어진다' 이런 건가?

정말 오래된 거리같이 느껴지는 길.

1차 세계대전 참전 기념비.
아래쪽에 작게 2차 세계대전에 관한 내용도 보이고,
기념비 꼭대기는 프랑스의 상징인 수탉이 위풍당당하게 서 있다.

그렇게 유유자적 길을 가다가 어느 멋진 성을 만났다. 디세성(Château de Dissay)이었는데, 이 성은 정부의 소유가 아닌 개인 소유의 성이라서 주말에는 열지 않는다고 하였다.[9] 굳게 닫힌 문을 바라보며 아쉬움에 사진 몇 장을 남기고, 성을 배경으로 사진을 찍기 위해 옆에 관광을 온 가족에게 사진을 부탁했다.

넓은 해자(垓子)로 둘러싸인 성은, 그래서 더욱 굳건하게 닫혀 있는 것처럼 느껴졌다.
아쉽지만 성의 겉모습만 보고 발걸음을 돌릴 수밖에 없었다.

---

9) 지금 현재 이 성은 호텔 및 고급 스파, 레스토랑으로 내부를 개조하여 운영 중에 있다고 한다.

그런데 여기서 정말 기적 같은 일이 일어났다. 내가 사진 촬영을 부탁한 프랑스인 가족 틈에서 동양인 여성분이 한 분 나와서 사진을 찍어주었는데, 사진을 찍은 후 짧은 프랑스어로 감사의 인사를 하고 가려던 찰나, 들리는 너무나도 반가운 한국말!!! "저기, 한국 분이세요?"

와우~!!! 내 사진을 찍어주신 분은 다름 아닌 한국 출신의 여성분이었던 것이다. 이 동네 자체가 워낙 작고 유명하지 않은 곳이라 이분도 역시 같은 한국인을 만난 것에 놀랐고, 나 또한 이런 외딴 시골에서 우연히 이곳에 살고 있는 한국인을 만난 것에 깜짝 놀라지 않을 수 없었다.

한국인을 거의 볼 수 없는 시골 마을이었기에 너무 반가웠던 나머지 이분은 가족들과 상의 후 즉석에서 나를 자신의 집으로 초대해주셨고, 집에 때마침 불고기와 김치, 김밥이 있다며 와서 먹고 가라는 그분의 초대 멘트에 나도 모르게 반사적으로 침이 고이기 시작했다. 그도 그럴 것이, 거의 한 달 반 동안 한국 음식을 일절 먹지 않았기 때문이었다. 나의 몸은 본능적으로 반응하고 있었다. 이래서 향수병이 생기는가 보다.

그렇게 5km 정도를 되돌아와서 도착한 그분의 집은 교외의 언덕 위에 자리하고 있었다. 멋진 야외 정원을 갖춘, 한국인이라면 누구나 꿈꾸는 그림 같은 집이었다. 전날 잔치를 한 덕에 집에 한국 음식들이 많이 남아 있었고, 야외 테이블에 자리하자마자 고국의 음식들이 나오기 시작했다.

프랑스 교외의 주택에 갑자기 초대를 받고, 이런 멋진 경치를 바라보며 하는 식사라니, 상상할 수도 없었던 일들이 현실로 벌어지고 있다.

프랑스에서 맛보는 한국 음식. 김밥 속 햄의 자리는 스팸이 대신하고 있었다.

프랑스에서 맛보는 김치! 진짜 리얼 김치였다. 물론 이날 김치는 국물까지 싹싹 긁어 먹었다.

그렇게 즐거운 식사를 마치고 기념사진을 찍고 너무나도 아쉬운 발걸음을 돌려야 했다. 그동안 여행을 하면서 수많은 음식을 대접받아 왔지만, 이렇게 기억에 남는 식사는 처음이었다. 역시 한국인의 힘은 밥심이라는 것을 느끼며, 나는 푸아티에로 다시 페달을 힘차게 굴리기 시작했다.

그렇게 투르에서 푸아티에로 가는 길은 놀랍고 즐거운 만남의 연속이었다.

허겁지겁 먹다가 아차차 싶어 찍은 사진. 불고기 양념을 머금은 고기와 고추장에 비빈 쌀밥, 거기다 상추, 맥주와 와인까지! 그야말로 최고의 식사였다.

1.11. 언제나 즐거운 시골길 라이딩, 푸아티에(Poitiers)와 니오르(Niort).

2016년 6월 6일(월).
일정 : 프랑스 푸아티에(Poitiers) ~ 니오르(Niort)
이동방법 : 자전거 / 이동거리 : 약 77km

푸아티에(Poitiers)는 카를 마르텔(Carl Martel)이 이끄는 프랑크 왕국 군대가 이슬람 세력인 우마이야 왕조를 막아낸 732년의 투르-푸아티에 전투, 프랑스와 잉글랜드의 백년 전쟁 중 잉글랜드가 결정적으로 승리한 전투 중 하나인 1356년의 푸아티에 전투 등 프랑스 역사에 있어서 중요한 전투들이 벌어진 역사의 중심지이기도 하다.

전날 뜻하지 않은 초대 덕에 푸아티에에 예정보다 늦게 도착해서 동네 구경은 다음 날 하기로 했다. 숙면을 취하고 다음 날 일찍 일어난 나는 푸아티에 시내 구경을 간단하게 마치고 다음 도시로 출발하기로 결정했는데, 이날도 꽤 긴 거리를 달려야 했기에 도시 구경은 간단하게 대성당만 구경하는 것으로 대체하기로 했다.

푸아티에의 생 피에르 대성당(Cathédrale Saint Pierre de Poitiers)은 1162년 당시 이곳이 잉글랜드의 땅일 때[10], 당시 잉글랜드의 왕인 헨리 2세의 지시로 건설이 시작된 아주 유서 깊은 성당이다.

---

10) 지금은 유럽 대륙에 있는 프랑스의 영토이지만, 푸아티에는 역사적으로 잉글랜드의 영토였다가 다시 프랑스로 넘어오기를 수차례 반복했다. 이곳은 1152년 잉글랜드의 헨리 2세에게 결혼 지참금으로 넘어갔다가 곧 프랑스에 다시 넘어온 후, 1356년 잉글랜드가 푸아티에 전투에서 승리하면서 다시 잉글랜드의 땅이 되었었다. 이후 프랑스가 다시 이곳을 점령했고, 그 이후에는 계속 프랑스의 영토가 되었다.

내부는 길고 긴 역사의 향이 묻어나왔다. 오랜 세월의 흔적들 때문에 곳곳을 보수공사하고 있었는데, 몇몇 조각들, 특히 중앙 제대의 성상들은 매우 화려한 모습을 뽐내고 있었다.

피에르(Pierre)는 다름 아닌 1대 교황이자 예수님의 첫째가는 제자인 베드로의 프랑스어 이름이다. 베드로는 천국의 열쇠를 갖고 있다고 전해지는데, 이 동상 역시 열쇠를 꼭 쥐고 있다.

대성당의 정문. 정문 앞 광장이 너무 작아서 똑딱이 카메라로는 성당 앞쪽 전체를 다 담을 수 없었다.

오랜만에 찍어보는 가고일. 가고일은 같은 모양이 하나도 없어서 하나하나 관찰하는 것도 큰 재미 중 하나이다.

그렇게 짧은 구경을 마치고 길을 나섰다. 이날의 목적지는 약 80km 정도 떨어진 니오르(Niort). 평지가 아닌 경사가 있는 구간이 꽤 있어서 달리는 데 애를 좀 먹었으나, 다행히도 이날 날씨는 자전거로 달리기에 딱 좋았다.

오랜만에 느껴보는 맑고 화창한 날씨.

프랑스의 시골 마을 풍경. 프랑스의 시골 마을은 투박하지만 잘 정돈된 느낌이었다.
어떤 면에서는 화사한 느낌이 나기도 했다.

이 작은 마을에서 만난 시골 성당.
이곳에서 잠시 쉬었다 가기로 했다.

시골길을 달리다 마주친 대형 십자가. 푸른 하늘과 묘한 대조를 이루고 있었다.

점심거리를 사러 들른 마트. 한쪽 전체가 모두 치즈들로 꽉 채워져 있었다. 프랑스인들의 치즈 사랑은 정말 대단해보였다. 그래서 나도 이날의 점심으로 다양한 고명이 올라간 치즈를 한번 먹어보았다. 기대했던 것 이상으로 맛이 좋았다.

얼마 지나지 않아 나는 니오르(Niort)에 도착할 수 있었다. 이곳에 도착해서 제일 먼저 나의 눈에 띈 것은 커다란 성당. 역시 전망 좋은 높은 곳에 커다란 성당이 자리하고 있었다. 이 성당의 이름은 생 힐레르 성당(Eglise Saint Hilaire)인데, 옆 도시 푸아티에 출신의 힐라리오(Hilarius, 300년 - 368년) 성인의 이름을 딴 성당이 아닐까 생각되었다.

성당의 위풍당당한 외관. 오랜 세월의 흔적이 묻어있긴 했지만, 외관이 상당히 깔끔해 보였다.

니오르의 Host는 젊은 연인이었다. 이들과 함께 저녁을 먹고 오랜만에 도심 야간 투어를 떠났다. 저녁 식사 후 함께 보물찾기와 비슷한 무슨 쪽지를 찾는 게임도 했고, 도시의 주요 관광지를 모두 둘러보면서 즐거운 시간을 가졌다. 사진을 많이 남기고 싶었으나 화질이 좋지 않아 건진 사진이 없어서 아쉬울 따름이었다.

다음 날 아침, 다음 도시로 가는 길에 나는 간밤에 보았던 곳 중에서 가장 인상 깊었던 곳을 들렀는데, 그곳은 바로 던전(Donjon de Niort)이었다. 원래 던전의 뜻은 성의 가장 높은 탑을 뜻한다. 즉 성의 가장 중심을 의미하는 것이다.

니오르 도심에서 만난 독특한 조형물. 매우 긴 용(일단 뿔이 있으니 뱀이 아니라 용이라 하겠다)이 역동적인 모습으로 거리를 수놓고 있다. 이 조형물은 대체 무슨 의미일까?

하지만 던전은 높은 곳에 있는 만큼 탈출이 어려워서 감옥으로 쓰이기도 했으며, 이 감옥이라는 뜻 때문에 후에 지하 감옥을 뜻하기도 했다. 우리나라에서는 여러 게임 등의 영향으로 '괴물들이 사는 곳'이라는 뜻으로 알려지기도 했다.

어쨌든, 그 '던전'이라는 이름에 이끌려 다시 찾은 이곳은, 온 시내를 내려다볼 수 있는 곳에서 웅장한 자태를 뽐내고 있었다. 문이 닫혀 있어서 아쉽게도 위로 올라가보지는 못했지만, 위쪽으로 올라가서 바라보는 니오르 시내의 아름다운 풍경을 머릿속으로 그려보며, 다음 도시를 향한 여정을 시작했다.

던전(Donjon de Niort). 이곳이 진짜 쌩 리얼 던전이다.

1.12. 대서양을 품다, 라로셸(La Rochelle)

2016년 6월 7일(화).
일정 : 프랑스 니오르(Niort) ~ 라로셸(La Rochelle)
이동방법 : 자전거 / 이동거리 : 약 65km

대서양으로 향하는 이날, 날씨는 아주 화창했고 조금 덥게 느껴지기까지 했다. 불과 얼마 전 루아르강 유역을 지날 때만 하더라도 거센 비바람 때문에 추위에 떨고 그랬는데, 대서양 바닷가에 가까워질수록 날은 더욱 화창해졌고 기온은 가파르게 상승하는 느낌이었다.

날이 따뜻해지니 점심이 문제가 되었다. 이날은 가는 길에 하루 종일 작은 슈퍼마켓 하나 발견할 수 없었고, 나는 마지막으로 딱 하나 남아 있던 비상식량인 초코바를 꺼내 들 수밖에 없었다. 그런데 맙소사, 높은

높은 온도 탓에 처참하게 녹아버린 비상식량. 정말 영혼까지 긁어먹고 나서 빈 포장지를 하염없이 바라보았다.

기온 탓에 초코바가 처참하게 녹아 있는 것이 아닌가! 그래도 허기는 달래야 하겠기에, 포장지에 붙은 초콜릿을 싹싹 긁어먹을 수밖에 없었다.

이날 길은 대체적으로 평탄했는데, 간혹 길을 잘못 들기도 했다.

어떻게 들어왔는지 모르겠는데, 늪지대를 통과하는 나무판자 길도 들어섰다.

잠깐 휴식을 취하려는 사이, 캠프를 온 어린이들이 관심을 보이며 다가왔다. 짧은 영어로 대화도 나누고 사진도 찍으며 한바탕 즐거운 시간을 보냈다.

내가 헝가리에서 여정을 시작했다고 하니 다들 입이 떡 벌어져서 나를 신기한 듯 쳐다봤다. 나의 여정은 이제 유럽 아이들도 놀라운 눈으로 쳐다보는 경지에 다다랐는데, 더욱 놀라운 사실은 내 여정이 이제 겨우 절반만 지났다는 점이었다.

너무나 아름답고 예뻤던 프랑스 시골길. 편한 건 덤이었다.

여차여차 많은 만남과 헤어짐을 뒤로하고 드디어 대서양을 만날 수 있는 곳, 라로셸(La Rochelle)에 도착했다. 대서양에 접해 있는 항구 도시인 이곳은, 아메리카 항로 개발 등 지형적 특성을 등에 업고 16~17세기경에는 프랑스에서 손꼽히는 대도시가 되기도 했으며, 2차 세계대전 당시에는 독일의 유보트 기지가 있던 탓에 많은 폭격을 받았었다. 독일 제국의 전략적 요충지였기에 독일로부터 가장 늦게 해방된 프랑스 도시이기도 하다.

라로셸 항구. 수많은 배들이 자리를 지키고 있었다.

해안을 따라 굳게 뻗은 도로와 건물들.
1층은 모두 식당 아니면 카페였다.

광장의 동상 뒤로
커다란 시계탑이 눈길을 끈다.

라로셸의 관문이자 상징. 항구 입구에 세워진 두 개의 탑이다. 왼쪽의 네모 난 탑이 성 니콜라스 타워(Tour Saint-Nicolas)이고, 오른쪽의 동그란 탑이 체인 타워(La Tour de la Chaîne)다.

외관 단장을 새로 마쳤는지 새하얗게 빛나고
있는 랜턴 타워(La Tour de la Lanterne)

1. 프랑스 141

오랜만에 느껴보는 맑고 화창한 날씨.
붉은 테두리가 인상적인 이 건물의 지붕에는 귀여운 고양이 조형물이 숨어 있다.

여객선 터미널이 있길래 구경해보았다.
저 배는 대서양 어디로 흘러가는 배일까?

대서양 해변에서 즐기는 축구. 소싯적 해변에서
술 마시고 공 차던 기억이 떠올랐다. 세계는 하나다.

이렇게 대서양으로 첫발을 내디뎠다. 다음 날 목적지는 좀 더 대서양 안쪽으로 들어가는 여행, 바로 이번 여행 중 처음이자 마지막으로 '섬'으로 들어가는 여정이 기다리고 있었다.

1.13. 바다 사나이의 낭만, 올레롱 섬(Ile d'Oléron)

2016년 6월 8일(수).

일정 : 프랑스 라로셸(La Rochelle) ~ 올레롱 섬(Ile d'Oléron)

이동방법 : 자전거 / 이동거리 : 약 82km

일정 라로셸(La Rochelle) ▶ 올레롱 섬(Ile d'Oléron) ▶ 뽕(Pons) ▶ 보르도(Bordeaux) ▶ 바자스(Bazas) ▶ 몽드마르상(Mont-de-Marsan) ▶ 포(Pau) ▶ 타르브(Tarbes) ▶ 루르드(Lourdes) ▶ 생고댕(Saint-Gaudens)

구름 한 점 없는 맑은 날씨, 선선한 바람. 해변을 따라 지어진 자전거 도로와 향긋한 바다 내음. 이날의 라이딩은 이번 여행을 통틀어서 최고의 라이딩 중 하나로 손꼽힐 만했다. 이날은 이번 유럽여행 중 처음이자 마지막으로 섬에 들어가는 날이기도 했는데, 바로 올레롱 섬(Ile d'Oléron)이라는 곳이다.

이날 달린 도로는 다름 아닌 유로 벨로 1(Euro Velo 1). 우리나라의 대표 고속도로인 경부선의 도로 번호가 1이듯, 나는 유럽을 잇는 자전거도로 중에서도 가장 대표 도로라고 할 수 있는 유로 벨로 1을 달리고 있었다. 뭔가 가슴 벅찬 순간이 아닐 수 없었다.[11]

너무나도 당당한 그 이름 Euro Velo 1.

---

11) 유로 벨로 1은 '대서양 연안 루트(Atlantic Coast Route)'라고 불리며, 노르웨이 최북단에서부터 포르투갈까지 총 6개국, 11,000km에 걸쳐 이어지는 자전거 도로이다.

바다를 바라보며 달리는 길.

자전거 길의 클래스는 어마어마했다. 1번이라는 칭호가 정말 어울리는 아름다운 도로였다. 아름다운 경치에 귓가를 간지럽히는 파도 소리는 보너스.

올레롱 섬으로 가던 중, 어느 배를 보러 잠시 마을에 들렀다. 바로 프랑스에서 만들어서 미국 독립전쟁에 참가했던 배, 프랑스에서 가장 유명한 범선 중의 하나인 헤르미온느(Hermione)호를 만나러 간 것이다. 해리 포터에 나오는 헤르미온느와 이름이 같은 배라서 그런지 더 친근함이 느껴졌다.

헤르미온느가 정박해 있다는 곳으로 물어물어 찾아갔는데, 이게 웬걸, 사무실 문도 굳게 잠겨 있었고, 배도 영국에 건너가 있어서 볼 수 없다는 소식을 들었다. 불행 중 다행으로 근처에 비슷한 배가 한 척 정박해 있다는 말을 듣고서는 그분의 안내를 받아 배를 구경하러 갈 수 있었다.

근처에 정박해 있던 또 다른 범선. 헤르미온느보다 작은 규모이지만, 비슷한 모양이라고 해서 이 배를 보며 위안을 삼았다.

헤르미온느 기념품점. 아쉽게도 문이 굳게 닫혀 있었다.

올레롱 섬으로 가는 길은 쉽지 않았다. 범선 구경을 마치고 계속 길을 가던 중, 분명히 지도에는 길이 표시되어 있는데, 다리가 뚝 끊겨 있었다. 때마침 같은 코스를 달리던 중년의 부부가 있었는데, 같이 끊어진 다리 앞에서 한참을 서성이며 어떻게 가야 하나 고민을 거듭했다. 결국 자동차 도로를 달리는 길을 택했는데, 다리도 높고 긴 데다가 바람도 세게 불어서 만만치 않았다.

끊어진 다리. 거대한 구조물만 덩그러니 자리 잡고 있었다.

섬에 들어가기 위해 필수적으로 건너야 하는 다리. 정말 끝이 보이지 않는 어마어마한 길이의 다리였다. 다리 위에서 쉴 수도 없는지라 정말 이를 악문 채 달리고 또 달렸다.

그렇게 긴 다리를 건너 마침내 도착한 올레롱 섬. 라로셸 남쪽 대서양 연안에 위치해 있으며, 프랑스에서 코르시카 섬 다음으로 큰 섬이라고 한다. 이 섬은 프랑스에서 손꼽히는 관광지이기도 하며, 굴 양식으로도 아주 유명하다고 한다. 갯벌이 넓게 펼쳐진 것이 꼭 우리나라의 서해안을 닮아 있었다.

넓은 갯벌이 꼭 우리나라의 서해안을 닮아 있었다..

섬에 도착한 나는 Host의 집을 찾아갔다. 이 섬의 Host는 직접 제작한 자전거를 타고 세계 곳곳을 여행한 경험이 있는 이였다. 그와 함께 여행에 대한 이런저런 이야기를 나누고 저녁을 먹으러 나섰다. 그가 나에게 해산물을 좋아하느냐고 물었는데, 해산물광인 나는 'Yes'를 외쳤고, 나에게 별미를 대접한다며 바다가 보이는 어느 멋진 항구로 나를 데려갔다.

항구에 빼곡히 들어차 있는 배들. 내게는 낯선 광경이었다.
정말 장관이 아닐 수 없었다. 섬사람들의 풍요로움이 느껴진다고나 할까.

굴 요리는 프랑스에서 아주 고급 요리에 속한다. 가격 또한 우리나라와는 차원이 달랐다. 굴 6개에 8유로. 개당 천 원이 훌쩍 넘는 사악한 가격. 때문에 굴 하나에 와인을 몇 잔씩 마셔댔다. 홍합은 그나마 양이 좀 많았는데, 국물용이 아니라 카레를 얹은 하나의 '요리'로 나온 것이 색다르게 느껴졌다.

이렇게 유럽에서 처음이자 마지막으로 방문했던 섬인 이곳은, 멋진 경치를 바라보며 먹는 환상적인 저녁 식사라는 큰 선물을 안겨주었다.

저녁노을이 지는 섬의 풍경. 섬 사나이와 함께 즐기는 저녁은 기대 이상으로 낭만적이었다.

1.14. 뽕(Pons)을 거쳐 보르도(Bordeaux)까지, 너른 들판을 달리다.

2016년 6월 9일(목) ~ 10(금)
일정 : 프랑스 올레롱 섬(Ile d'Oléron) ~ 뽕(Pons) ~ 보르도 (Bordeaux)
이동방법 : 자전거 / 이동거리 : 약 182km

섬에서 하룻밤을 보내고 나오는 길, 어제 들어왔던 그 길을 다시 반대로 되돌아 나와야 했다. 다리가 워낙 길고 자전거 도로가 좁게 만들어져 있어서 나가는 길 역시 쉽지 않았다.

들어올 때와 마찬가지로, 나가는 길 역시 만만치 않았다. 자전거로 달릴 수 있는 길이 조금만 더 넓었으면 좋았을 걸 하는 아쉬움이 남았다.

프랑스 갯벌의 모습. 무슨 용도에 쓰이는지 모를 작은 연못들이 만들어져 있었다. 염전인가?

원형 교차로에 있던 종이배 조형물.
동심으로 돌아간 듯한 느낌을 주는 아주 귀여운 조형물이었다.

그렇게 시골길을 달리다 점심시간이 되어 도로 옆 작은 길에 멈춰 섰다. 이날 라이딩에서는 버스정류장, 슈퍼마켓 등 그 어느 쉼터도 발견할 수 없었다. 가도 가도 쉼터가 안 나오길래 그냥 길가에 아무렇게나 자전거를 뉘어놓고 점심을 먹으며 휴식을 취했다. 잠시 쉬며 바라보는 프랑스의 시골 풍경은 정말 피곤함을 싹 잊게 만들어주는 그런 아름다움이 있었다. 푸른 하늘과 솜사탕 같은 구름, 지평선 너머 끝없이 펼쳐진 들판을 바라보며 먹는 점심은, 자전거 여행에서만 맛볼 수 있는 특권이자 선물이었다.

잠시 자전거를 내려놓고 취하는 휴식. 이따금 자전거에서 내려서 걸으면 뭔가 굉장히 어색한 기분이 들었다. 몸이 이제는 자전거에 완전히 적응한 그런 느낌이었다.

너른 들판과 푸른 하늘을 바라보며 먹는 점심. 바로 자전거 여행자만이 느낄 수 있는 여유이자 특권이다.

너무나도 좋은 날씨 속에 아름다운 길을 달려 뽕(Pons)에 도착했다. 뽕은 프랑스 서부의 아주 작은 시골 마을이었는데, 시골 인심이 어찌나 후한지 이곳에서 Host의 아주 극진한 대접을 받을 수 있었다. 머물렀던 방도 아주 컸는데, 역시 대도시보다는 시골이 뭐든 더 넉넉하고 후했다.

Host 집의 마당. 이름 모를 커다란 나무가 마당 한가운데 자라고 있었다.

퐁(Pons)의 원형 교차로에 있던 산티아고 순례길 조형물. 산티아고 순례길은 여행 내내 나에게 어서 오라고 손짓하고 있었다.

다음 날 나는 보르도로 향했다. 2016년 6월 10일(금)은 유럽의 축구 축제이자 전 세계 축구팬들이 손꼽아 기다리는 별들의 전쟁, 유로 2016이 개막하는 날이었다. 더군다나 유로 2016의 개최국은 프랑스! 나는 개막 경기를 보기 위해 다른 어느 날보다 빠르게 페달을 밟았다.

더욱 기대가 되었던 것은 바로 와인! 많은 프랑스 친구들이 보르도가 와인으로 정말 유명한 곳이라고 했는데, 나는 사실 와인에 문외한이라 그동안 그냥 아무 와인이나 손에 잡히는 대로 마셔왔었다. 그곳 친구들이 그렇게 추천을 하니 얼른 가서 보르도 와인도 맛보고 싶어졌다.

곳곳에 수많은 포도밭을 볼 수 있었다. 과연 와인 주산지다웠다.

보르도로 가는 길. 날씨가 우중충해서 또 비가 올까 봐 불안한 날이었다.

1. 프랑스   151

어느 작은 마을에 새겨져 있던 1차 세계대전 기념비. 진짜 이 기념비가 없는 마을이 없었다. 기념비 위에는 어김없이 수탉이 자리하고 있었다.

다른 마을의 1차 세계대전 기념비. 이 마을의 기념비는 특이하게 컬러로 채색된 군인상이 세워져 있었다.

시골의 성당은 대부분 비슷한 모양을 하고 있었다. 단조롭게 보였지만, 다들 꽤 잘 관리되고 있었다.

이날도 많은 다리를 건너야 했다. 큰비의 여파로 아직 강물은 흙탕물이 되어 흐르고 있었다.

잔뜩 흐린 날씨, 결국 거센 소나기를 한 번 만나고 말았다. 다행히 커다란 교각 아래 비를 피할 곳을 찾아서 들어갈 수 있었다.

　이날 하루 잘 나가나 싶었는데, 거의 다 와서 결국 비를 만나고야 말았다. 잔뜩 흐렸던 하늘이 결국 비를 뿌리고 만 것이다. 다행히 근처에 큰 다리가 있었고, 그 아래서 비를 피할 수 있었다. 비를 피하기에는 딱 알맞은, 너무나도 기똥찬 장소였다.

　그렇게 소나기가 지나가고 빗줄기가 가늘어지자마자 다시 달리기 시작했다. 이제 가느다란 빗줄기 정도는 무시하고 달릴 정도의 수준에 다다랐기에, 약간의 비는 아무 문제가 되지 않았다.

　그렇게 무사히, 보르도에 도착할 수 있었다. 유로 2016 개막전 구경 준비 끝!

1.15. 유로 2016 개막.
와인의 도시 보르도(Bordeaux)에서의 거리 응원

2016년 6월 10(금) ~ 12(일)
일정 : 프랑스 보르도(Bordeaux)

    보르도(Bordeaux)는 프랑스 남서부에 위치한 항구 도시다. 보르도는 해안에서 좀 떨어진 내륙 쪽에 위치해 있지만, 대서양으로 흘러가는 가론강 덕분에 항구 도시로 발전하게 되었다.

저녁을 먹으면서 그 유명하다는 보르도 와인을 한 병 마셨다. 와인은 잘 모르지만, 분위기에 취해서 그런지 원래 맛있는 건지 진짜 잘 넘어가긴 했다.

    보르도가 세계적으로 유명한 도시가 된 것은 바로 '포도주(와인, Wine)' 덕분이다. 오늘날 보르도 지방은 세계에서 가장 질 좋은 와인을 만드는 곳 중 하나이며, 이곳에서 생산되는 와인은 생산 지역에 따라 수십 가지로 분류된다고 한다.

    이날은 도착하자마자 저녁을 먹으러 나갔다. 축구 경기 시작 전에 술집에 도착하려면 빨리 저녁을 먹어야 했기 때문이다. Host가 추천해준 식당에 가서 고기와 와인을 먹었는데, 와인 맛을 잘 모르지만 맛있게 잘 넘어가긴 했다.

    와인과 축구 중에 나에게 더 중요한 것은 축구였다. 역사적인 유로 2016의 개막 경기, 이 경기의 개막을 손꼽아 기다리고 있던 나는, 프랑스에서 열리는 유로 2016의 개막 경기를 프랑스 현지에서 보게 되었다!

역시 축구는 세계인을 하나로 묶어주는 공용어였다. 보르도 역시 유로 2016이 열리는 도시였기 때문에 많은 외국인들이 있었는데, 이들 모두 자리에 모여 흥겹게 경기를 구경했다.

더군다나 경기 역시 1 : 1로 비기다가 경기 막판 프랑스의 결승골이 터지면서 루마니아에 2 : 1로 승리를 거두게 되었다. 그때의 함성이란… 나까지 하나가 되어 모두 함께 승리의 응원가를 부르며 맥주잔을 부딪쳤다. 아마도 이날의 에너지는, 하루 종일 자전거로 달렸을 때보다 응원을 하면서 더 많이 소비되었을 것이다.

프랑스에서 열린 유로 2016의 개막 경기. 프랑스와 루마니아의 경기였는데, 다행히도 프랑스가 승리를 거두었다. 이날 정말 마음껏 소리 지르며 먹고 마셨다.

프랑스의 승리 덕에 좀 오버해서 먹고 마신 후 다음 날, 나는 느지감치 일어나 일정을 시작했다. 이날은 이동을 하지 않고 하루 보르도를 구경하기로 했기 때문이다. 먼저 찾아간 곳은 생 미셸 대성당(Basilique Saint-Michel).

여느 중세의 대성당이 그렇듯, 이 대성당 역시 오랜 시간 도시를 지켜온 성당이다. 14세기에서 16세기 사이 지어졌다는 이 성당은 지붕마다 튀어나와 있는 뾰족한 돌기가 특징이다. 내부는 역시 스테인드글라스와 수많은 조각들로 볼거리가 가득했다. 또한 성당 앞 광장에는 높이 114m에 이르는 높은 종탑이 솟아 있었는데, 이곳의 또 다른 볼거리였다.

성당 내의 다양한 장식들.　　　　　　　　　　100m가 훌쩍 넘는 커다란 종탑.

성당의 옆문. 곳곳에 돌기 모양이 가득하다.　중앙 제대의 모습. 약간 수수한 듯 느껴졌다.　너무나도 화려한 모습이었던 파이프 오르간. 이 성당에서 이 오르간이 제일 화려한 듯 보였다.

부르고뉴 문(Porte de Bourgogne).
부르고뉴는 프랑스 동부 중심지역에 위치한 레지옹이다.

이날은 이곳 보르도에서 18시에 웨일즈와 슬로바키아의 경기가 있는 날이었다. '가리스 베일'이라는 슈퍼스타 덕에 웨일즈의 기세는 하늘을 찌르고 있었다. 붉은색 유니폼을 입은 웨일즈 팬들이 거리를 가득 메우고 있다.

카이요 성문(Porte Cailhau)이라는 곳이다. 꼭 중세시대로 넘어가는 차원의 문같이 느껴졌다.

　　성당 구경 후 여러 관광지를 거쳐, 보르도의 중심인 부르스 광장(Place de la Bourse)에 도착했다. 이곳은 보르도를 흐르는 가론강(La Garonne)의 강변에 만들어진 광장이다. 이 광장의 하이라이트는 지속

1. 프랑스　　157

적으로 물을 뿜어내는 '거울 분수(Le Miroir d'eau)'인데, 이 분수에서는 어른 아이 할 것 없이 모두 맨발로 나와서 안개처럼 뿜어져 나오는 시원한 물을 즐기고 있었다.

이곳이 바로 거울 분수. 아이들에게는 최고의 놀이터 같았다.

강 너머 보이는 곳은 보르도를 대표하는 다리인 '피에르 다리(Pont de Pierre)'이다.

힘차게 흘러가는 가론강. 얼마 전 있었던 홍수 때문인지, 물색도 진했고 수량도 아주 많아 보였다.

이날 보르도 시내는 정말 엄청난 인파로 북적이고 있었다. 주말이었던 데다가 날씨도 좋았고, 이날 오후 이곳에서 유로 2016 경기가 있어서 그런지 수많은 관광객과 시민들이 어우러져 거리를 가득 메우고 있었다.

길을 가던 중 우리나라 기업의 홍보관도 보았는데, 머나먼 외국에서 북적이는 우리나라 기업의 홍보관을 보는 일은 늘 가슴 뿌듯한 시간이었다.

북적이는 보르도 시내. 보르도 사람들은 정말 다 나와 있는 것 같았다.

보르도 시내 한복판에 삼성의 Gear VR 체험관이 있었다. 외국 친구들에게 우리의 기업을 소개하는 일은 언제나 기분 좋은 경험이었다.

이어서 보르도의 생 안드레 대성당(Cathédrale Saint-André de Bordeaux)을 찾아갔다. 예수의 열두 제자 중 한 명인 성 안드레아의 이름을 딴 이 대성당은, 아주 오랜 역사를 가진 고딕 양식의 성당이며, 생 미셸 성당과 함께 유네스코 세계 문화유산으로 등재된 성당이다.

대성당들은 다 별도의 종탑을 갖고 있었다.

하늘 높이 솟은 성당의 지붕. 그 옛날 어떻게 저렇게 높이 돌을 쌓았을까?

이 성당의 내부 역시 수많은 볼거리로 가득했다. 많은 조각과 회화, 스테인드글라스와 황금 독수리까지!

골목길을 지나다 우연히 발견한 보르도 대 종탑(Grosse cloche de Bordeaux). 성문의 용도로 먼저 지어졌고, 1775년 종이 추가되어 종탑이 되었다고 한다. 좁은 골목과 좌우로 늘어선 건물들, 그리고 중세의 모습을 간직한 이 문은 마치 과거로 여행하는 문처럼 보였다.

보르도 시내를 걷는 일은, 마치 순식간에 내가 과거로 돌아가서 옛날 사람이 되어 걷는 그런 기분이었다. 그리고 유로 2016 기간이어서 더 그랬는지 모르겠지만, 도시 전체가 축제와 열정이 넘치는 활기찬 곳이었다. 과거로의 여행은, 그렇게 추억이 되어 나의 마음에 새겨졌다.

보르도 여행의 마무리는 달콤하면서도 시원한 모히또 한잔과 함께. '모히또 가서 몰디브 한잔,' 그 명대사 덕에 모히또는 내가 종종 찾는 술이 되었다.

1. 프랑스

1.16. 비와 함께 달리는 프랑스 서남부 여행길. 바자스(Bazas), 몽드마르상(Mont-de-Marsan), 포(Pau)

2016년 6월 12(일) ~ 14(화)
일정 : 프랑스 보르도(Bordeaux) ~ 바자스(Bazas) ~ 몽드마르상(Mont-de-Marsan) ~ 포(Pau)
이동방법 : 자전거 / 이동거리 : 약 222km

보르도에서의 뜨거웠던 2박 3일을 뒤로하고 바자스(Bazas)로 향했다. 바자스(Bazas)는 아주 작은 시골 마을이었다. 이 말은 이날의 여행이 시골길을 한없이 달리는 그런 여행이 될 것이라는 뜻이었다.

이름 모를 시골의 한쪽 구석 벤치에 앉아 먹는 점심.
정말 이때는 그 누구도 부럽지 않았다. 무엇이든 즐길 수 있는 자유로운 영혼 그 자체였으니까.
프랑스에서는 점심을 굶은 적이 매우 많았다. 시골길을 달리다 보니 식당은 고사하고 작은 슈퍼마켓도 찾기가 힘들었고, 비가 워낙 많이 와서 초콜릿 외에 다른 음식을 포장해서 돌아다니는 것도 쉽지가 않았다. 지금 생각해보면 어떻게 그렇게 굶고 하루 종일 페달을 밟았는지 정말 내가 미쳤었구나 이 생각밖에 들지 않는데, 여튼 그때는 그렇게 다녔다.

이름 모를 시골의 한쪽 구석 벤치에 앉아 먹는 점심.
정말 이때는 그 누구도 부럽지 않았다. 무엇이든 즐길 수 있는 자유로운 영혼 그 자체였으니까.

이날의 점심은 볶음밥. 출발할 때 아무래도 이날 종일 식당도 슈퍼도 못 찾을 것 같아서, 보르도에서 미리 볶음밥을 포장해서 왔다. 포장한 볶음밥을 파는 곳을 찾은 것 자체가 어마어마한 행운이었다.

야외 화장실. 개방된 공중 화장실을 시골에서 종종 볼 수 있었다. 오히려 자전거와 짐 때문에 도심이 볼일 보기에는 더 불편했다.

너른 들판 한가운데 오래된 성이 무너진 채 방치되고 있었다.
저런 오래된 성이 나오는 풍경, 그런 풍경이 나는 그저 좋았다.

중앙 분리대를 보아 고속도로 같았는데, 정말 한산했다.
그나마 이 고속도로를 지나는 차 소리를 들은 것이,
이날 거의 유일하게 들은 '타인'이 남긴 소리였다.

산티아고 순례길을 가기로 결정했지만, 나는 보르도에서 프랑스 대서양 쪽 길을 따라 내려와서 산티아고 순례길 프랑스길의 대표적 출발지인 '생 장 피에 드 포르(Saint-Jean-Pied-de-Port)'를 거쳐 스페인 북부로 가는 통상적인 루트를 따라가지는 않았다.

대신 피레네산맥을 따라 쭉 내려와서 프랑스 남부 지중해를 들른 후 피레네산맥을 넘고, 스페인으로 건너가 바르셀로나에 갔다가 다시 스페인 북부쪽으로 가서 산티아고 길을 걷는 루트로 가기로 했다.

왜냐하면 지중해의 이글대는 태양 아래 바다에서 수영을 한번 해보고 싶었고, 또 바르셀로나를 너무나도 가보고 싶었기 때문이었다. 이렇게 나 혼자만의 자유여행에서는 가는 길도, 일정도 뭐 하나 정해진 것이 없었다. 정해진 것도 언제든 기분 내키는 대로 바꿀 수 있었고, 내가 가고 싶은 곳에 마음껏 가볼 수 있었다. 나는 온전히 자유인이었다.

바자스에 거의 도착하기 직전 소나기를 만났다. 엄청난 양의 비가 쏟아졌지만, 이미 수차례 비를 경험했기에, 이제는 여유 있게 비를 피해 휴식을 취했다. 바자스의 Host는 홀로 사는, 자연인급의 수염을 자랑하는 큰형님이었는데, 대화를 나눠 보니 세계 곳곳을 여행한 여행의 대가였는지라 식사를 하며 함께 많은 대화를 나누었다.

따뜻한 저녁 식사와 편히 쉴 수 있는 침대. 이날도 나는 5성 호텔급의 서비스를 받으며 편히 잠자리에 들 수 있었다.

다음 날은 아침부터 비가 내렸다. 비가 그치기를 기다렸는데 도저히 그칠 기미가 보이지 않아서 그냥 우의를 입고 출발해버렸다. 이제 어지간한 비 정도는 그냥 맞으며 달릴 정도가 된 것이다.

아침부터 내린 비가 그치질 않고 계속 내렸다. 길도 들판도 모두 젖어 있어서 쉴 곳도 마땅치 않았다.

이런 날 쉴 때는 역시 정류장이 최고. 잔뜩 젖은 우의와 방수커버를 잠시 벗어던지고 휴식을 취했다.

점심시간이 좀 지나서 들른 마을. 월요일이었는데 문을 연 곳을 찾을 수가 없었다. 이날 점심도 그렇게 물로 때워야 했다.

이날은 출발한 곳도 작은 시골마을이었고, 이어지는 도로가 내내 인적 없는 시골길이어서 먹을 것을 도저히 구할 수가 없었다. 한참을 달려서 겨우 마을다운 곳에 도착을 했는데, 마을을 몇 바퀴 둘러봐도 문을 연 곳을 찾아볼 수 없었고, 물어볼 사람조차 찾아볼 수 없었다. 외부인이 온다고 모두 숨은 것도 아닐 테고, 한 명쯤은 거리에 지나가는 사람이 있을 법한데 사람은 흔적도 보이지 않았다. 지도를 보고 찾아간 가게도 모두 문을 닫은 상태. 마치 내가 어느 금지된 구역에 들어온 것이 아닌가 하는 착각이 들 정도였다.

결국 이날의 점심은 물. 이제는 점심 굶는 것도 어느 정도 단련이 되었는지 생각보다 크게 배가 고프지가 않았다, 라고 하면 좋았겠지만, 종일 자전거를 타는 일은 칼로리를 많이 소비하는 운동이었다. 더군다나 빗길을 달려서 그런지 이날은 정말 배가 고팠다. 그래서 작전 변경. 도착지에 최대한 빨리 도착하자고 마음을 먹고 더 열심히 페달을 굴리기 시작했다.

드디어 비가 그치고 조금씩 푸른 하늘이 보이기 시작했다. 얼마나 푸른 하늘이 반가웠으면 이날은 하늘 사진을 다 찍었다.

이곳은 토질이 너무나도 비옥해 보였다. 아무거나 심어도 쑥쑥 잘 자랄 것 같은 그런 땅이었다.

온종일 비슷한 풍경의 연속이었다. 이곳을 달리며 이 길에 끝이 있을까, 오늘 내로 사람을 만날 수는 있을까 하는 생각을 몇 번이나 했었다. 하지만 쉬지 않고 달리다 보면, 어느새 목적지는 내 발 앞에 다가와 있었다.

그렇게 울창한 랑드 산림(Forêt des Landes)을 거쳐서, 드디어 그 산림지대의 끝자락인 몽드마르상(Mont-de-Marsan)에 도착했다. 이 도시는 프랑스 랑드(Landes) 주[12]의 주도이기 때문에 행정과 상업의 중심지이기도 하다.

이 도시의 북쪽에는 커다란 군사 기지가 있는데, 프랑스의 공군 기지였다. 이곳 덕분에 직진으로 왔으면 더 빨리 왔을 거리를 한참을 돌아서 와야 했다. 이날 역시도 비에 너무 지친 나머지, 도시 투어는 패스. Host의 집에서 개인 정비를 하면서 바삐 달렸던 하루를 차분히 마감했다.

편안히 푹 쉰 후, 이튿날은 달리는 거리가 그리 멀지 않아서 천천히 일어났다. 며칠 동안 계속 비를 맞으며 달린 피로가 많이 누적되어 있어서 그런지, 몸도 많이 무거웠다.

그렇게 이것저것 준비하고 11시쯤 출발하려는데 웬걸 비가 정말 억수같이 내리기 시작하는 것이 아닌가! 어쩔 수 없이 좀 더 기다렸다가 출발할 수밖에 없었다.

그렇게 늦은 출발을 한 이날은 비와 숨바꼭질의 연속이었다.

푸른 하늘과 숨바꼭질 중. 들판은 더할 나위 없이 푸르렀는데, 하늘은 그렇지를 못했다.

---

12) 프랑스의 행정구역은 크기순으로 레지옹(Région), 데파르트망(Département), 아롱디스망(Arrondissement), 캉통(Canton), 코뮌(commune) 등으로 나뉜다. 여기에서 주로 데파르트망이 주(州)로 번역된다.

이날도 결국 비를 만나고야 말았다. 이제 비를 피할 쉼터를 찾는 데는 도가 텄다. 정류장에 비집고 들어가 잠시 비를 피하며 휴식을 취했다.

점심을 먹고 나니, 잠시 후 거센 빗줄기가 조금씩 잦아들기 시작했다. 그래서 다시 출발! 아직 곳곳에 먹구름이 있었지만, 푸른 하늘도 제법 보였기에 과감하게 결단을 내리고 목적지를 향해 나섰다. 이날의 풍경도 수려하기 그지없었는데, 피레네산맥이 점점 가까워 와서 그런지 숲이 점점 더 울창해지고 오르막길이 제법 많아짐을 느낄 수 있었다.

아직 구름이 짙게 낀 하늘. 들판도 지평선 끝까지 이어진 것이 아니라, 점점 숲으로 둘러싸이고 있었다.

숲길로 들어가는 길. 자전거를 타고 저런 숲길로 들어설 때면, 항상 약간의 긴장과 흥분이 뒤따라왔다. 그 너머에 무엇이 있을지 알 수 없기 때문일까?

시골 마을의 작은 성당.

하늘은 언제 비가 내렸냐는 듯이 시치미를 뚝 떼고 맑게 개어 있었다.
심지어 그 어디에도 작은 물웅덩이 하나 없었다. 내가 있던 곳에만 비가 왔던 것일까?

그렇게 비와 따뜻한 햇살을 온몸으로 받으며 시원한 시골길을 달려 포(Pau)에 도착했다. 포는 프랑스 남서부 피레네아틀랑티크 주(Pyrénées-Atlantiques department)의 주도인데, 이 주의 이름에서 알 수 있듯이 이 주는 피레네(Pyrénées)산맥과 대서양(Atlantique)을 모두 품고 있는 곳이다.

이곳에서는 오랜만에 도심 투어에 나섰다. Host와 함께 먼저 찾아간 곳은 포성(Château de Pau)이었다. 이 성은 강 옆 높은 언덕에 자리잡고 있었는데, 부르봉 왕가에서 최초로 왕위에 오른 앙리 4세(Henri IV de France, 1553 ~ 1610)가 이 성에서 태어났다고 한다. 이 성은 현재 국립 박물관으로 사용되고 있었다.

포성의 모습. 다리 건너 멀리서 바라보는 성은 꽤나 담백하게 보였다.
그 안에 얼마나 멋진 보물들을 많이 숨겨놓았을까 한번 상상해 보았다.

성당의 제대의 장식과 그림들, 스테인드글라스는 그 어느 대성당 못지않은 솜씨였다.
다양한 그림과 스테인드글라스가 수놓인 멋진 성당이었다.

성을 구경한 후 그 옆에 있는 성 마르틴 성당(Eglise Saint Martin)도 들어가 보았다. 꽤 규모가 있는 성당이었는데, 내부도 그 어느 대성당 못지않게 크고 화려했다.

성당의 앞쪽에는 1, 2차 세계대전에서 사망한 포 사람들을 기리는 기념비가 세워져 있었다.

한편, 이날은 정말 해가 많이 길어졌다는 것을 느꼈던 날이기도 했다. 처음 헝가리 부다페스트에 왔을 때만 하더라도 오후 예닐곱 시면 어둑어둑해졌었는데, 이곳에서는 저녁 8시가 넘었는데도 해가 아직도 넘어가지 않았다. 남쪽으로 갈수록 해의 길이는 점점 더 길어졌다.

한편 이날은 유럽 입성 후 가장 비싼 저녁을 먹은 날이기도 했다. 원래 가려던 식당에 자리가 없어서 근처에 있는 이태리 식당에 들어갔는데, 약 30유로나 되는 밥을 먹었다. 고급 식당이어서 그런지 양보다는 질로 승부하는 그런 곳이었는데, 양이 약간 부족한 듯 싶었지만 그래도 오랜만에 경험하는 고급진 환대가 싫지만은 않았다. 내가 언제 이렇게 피레네산맥이 굽어보이는 지역의 고급 레스토랑에 와서 현지인들과 함께 밥을 먹을 수 있을까? 그걸 생각하면 돈 몇 푼이 중요한 것이 아니었다. 나는 그 무엇과도 바꿀 수 없는 소중한 인생의 한 페이지를 장식하는 중이었다.

Host와 그 친구들과 함께 맛있는 저녁을 먹고 돌아오는 길에 갑자기 비가 또 억수같이 쏟아졌다. 이날 함께한 친구들은 모두 긍정으로 똘똘 뭉친 친구들 같았다. 비가 오니까 근처 문이 열린 아무 가게로 들어가더니 거기서 또 맥주 한 잔. 그 한 잔이 또 한 잔이 되고, 그 한 잔 한 잔이 모여 추억은 깊게 쌓여갔다.

1.17. 드높은 웅장함, 6월의 하얀 눈, 피레네산맥(Pyrénées), 기적의 도시 루르드(Lourdes)를 가다

2016년 6월 15(수)~17(금)

일정 : 프랑스 포(Pau) ~ 타르브(Tarbes) ~ 루르드(Lourdes)

이동방법 : 자전거 / 이동거리 : 약 61km

이날은 다행히도 날씨가 아주 좋았다. 거리도 50km 정도밖에 되지 않아서 아주 여유롭게 출발했다. 피레네산맥(Pyrénées)을 끼고 달려서 그런지 공기가 그 어느 때보다도 상쾌했다.

이날 여행의 백미는 오른쪽으로 길게 펼쳐진 피레네산맥이었는데, 군데군데 하얗게 눈이 쌓인 거대한 산맥을 끼고 자전거를 달리는 경험은, 내 마음속 깊이 소중한 기억으로 오랫동안 남게 되었다.

너른 들판 너머 끝없이 펼쳐진 피레네산맥이 보인다.

빨간 세모 안에 소 그림이 있으니, '소 주의' 표지판쯤 되려나 보다. 프랑스에는 정말 소가 많았다. 괜히 유럽 제일의 농업국가가 아니었다.

두둥. 멀리 구름 사이로 눈 덮인 피레네산맥이 보인다.
푸르른 들판 너머 눈 덮인 산이라니, 정말 여행의 피로를 싹 잊게 하는 환상적인 경치였다.

비행기 소리가 들려서 위쪽을 바라보니 그리 멀지 않은 곳에 비행기가 지나고 있었다. 공항의 이름은 타르브-루르드-피레네 공항.(Aéroport de Tarbes-Lourdes-Pyrénées) 공항이 있는 곳은 타르브인데 세계적으로 유명한 루르드, 거기에다 피레네산맥까지 공항명에 넣다 보니 이렇게 이름이 길어졌다.

사실 이곳에 대해서 아무것도 모를 때, 처음 나의 계획은 피레네산맥 중앙부를 자전거로 넘는 것이었다. 피레네산맥 정중앙에 위치한 미지의 나라 안도라 공국(Andorra)을 방문하고 싶은 욕구도 이 계획을 세우는 데 한몫했었다.

그런데 프랑스에 와서 친구들과 여행 경로에 대해서 이야기를 나누는데, 친구들이 하나같이 쌍따봉을 올리며 '자전거로 피레네를 넘는다니, 대단하다!'라고 하는 것이 아닌가! 그냥 의례적으로 하는 멘트인 줄 알았는데, 그게 아니었다. 그들은 진심으로 나의 계획에 대해서 놀라워하고 있던 것이었다.

이곳에 오지 않았을 때에는 산이 얼마나 높길래 그러나 싶었는데, 6월의 눈 덮인 설산을 보고 있자니 그들이 왜 그랬는지 이해가 갔다. 또한 나의 계획이 얼마나 무모한 것이었는지 깨달을 수 있었다.

그렇게 피레네산맥의 정기를 받아 맑은 공기를 마시며 신나게 달린 끝에 타르브(Tarbes)의 Host 집에 도착했다. 이날 저녁 프랑스의 유로 2016 경기가 있었는데, 상대는 알바니아. 축구 강국 프랑스의 승리가 빤히 예상되는 경기였기에, 이날 나는 먹는 데 집중했다. Host가 집에서 손수 피자를 만들어서 요리를 해주었는데, 정말 어마어마하게 맛있었다. 맥주와 집에서 직접 만든 피자, 그리고 축구. 모든 것이 완벽했던 저녁이었다.

직접 오븐에 구워 만든 피자와 맥주, 그리고 축구 경기. 이날 밤은 사나이의 정열을 불태우기에 더할 나위 없이 좋은 밤이었다.

그렇게 멋진 밤을 보낸 다음 날, 나는 가톨릭 성모 성지의 중심, 루르드(Lourdes)로 향했다. 루르드는 프랑스 남서쪽 피레네산맥 쪽에 있는 작은 시골 마을인데, 오늘날에는 세계적인 가톨릭 성지로 매년 수백만 명의 신자들이 찾는 곳이다.

1858년 루르드에 있는 마사비엘 동굴에서 14세 소녀 벨라뎃다(Marie Bernade Soubirous / 1844.01.07. ~ 1879.04.16.)는 18차례에 걸쳐 성모님의 발현을 목격하였다. 이후 이곳은 1860년 1월 18일, 지역 교구장에 의해 공식적으로 성모님의 기적이 일어난 곳으로 인정되었다.

이곳이 더욱 유명해진 이유는 치유의 기적을 행하는 샘물이 나오기 때문인데, 실제 수많은 환자들이 이 샘물을 마시고 이 샘물로 씻은 후 병이 나았고, 덕분에 더욱 많은 환자들이 이 도시로 밀려들기 시작했다.

루르드로 가는 길. 주택들이 늘어선 전형적인 시골 마을 풍경이 중간중간 펼쳐졌다.

덕분에 오늘날 루르드는 수백만 명의 순례자들이 방문하는 가장 유명한 가톨릭의 성지 중 한 곳이 되었으며, 더불어 성모신심의 중심지이기 때문에 여러 주교들과 역대 교황들도 종종 이곳을 방문하였다.

루르드로 가는 길. 주택들이 늘어선 전형적인 시골 마을 풍경이 중간중간 펼쳐졌다.

루르드 시내는 수많은 숙박업소들이 길을 따라 늘어서 있다. 매년 끊임없이 몰려드는 사람들 덕에, 이곳 루르드는 숙박업소 천국이었다.

루르드에는 작은 강이 하나 흐르고 있다. 피레네산맥의 기운을 받아서 그런지 아주 맑고 투명한 강이었다.
피레네의 만년설에서 발원한 강인 듯싶었다.

루르드 성지의 입구. 내가 찾은 이날도 수많은 순례자들이 이곳을 찾아왔는데, 대부분 중년 이상의 어르신들이었다.

입구에 있는 십자가 상.

루르드의 성모 병원. 얼마나 많은 환자들이 오면 성지 안에 이렇게 병원도 자리하고 있었다.

성모님 발현지답게 아름다운 모습으로 왕관을 쓰고 있는 성모상이 높게 자리하고 있다.

루르드 성지로 들어서면 가장 먼저, 그리고 크게 보이는 건물, 바로 루르드의 로사리오 대성당(Basilique Notre-Dame-du-Rosaire de Lourdes)이다.

성당을 둘러보던 나는 왜 이 성당이 '로사리오 대성당'인지 알 수 있었다. 성당 내부에는 로사리오 기도(묵주기도)의 각 내용이 아름다운 성화로 표현되어 있었기 때문이었다.

성당 기둥 곳곳에 새겨진 라틴어 글귀들. 'Ora pro nobis'는 '저희를 위하여 빌어주소서'라는 뜻이다.

로사리오 대성당 지붕에서. 저 멀리 언덕 위에 자리한 것이 루르드 성이다.

루르드 성지를 관통하는 강.

성당의 입구. 가운데 높이 솟은 첨탑이 인상적이다.

로사리오 대성당 중앙 제대의 돔부분. 지붕 위의 황금 왕관과 십자가가 화려하게 빛나고 있다.

로사리오 대성당 위쪽. 그곳에는 '루르드의 원죄 없이 잉태되신 성모 성당(Basilique de l'Immaculée-Conception de Lourdes)'이 자리하고 있었다. 성당의 내부는 수많은 성상들과 글들로 가득했다. 멀리서 바라봤을 때 가운데 높게 솟은 첨탑은 바로 이 성당의 첨탑이었다.

루르드 성모 성지의 전경. 정말 환상적인 풍경을 가진 곳이었다.

이어서 이 성지의 시발점이자 가장 많은 순례자들이 찾는 곳. 바로 마사비엘 동굴로 향했다. 이 동굴 앞에는 수많은 순례자들을 위한 의자가 놓여 있었고, 많은 이들이 의자에 앉아 기도를 하고 있었다.

마사비엘 동굴(Grotte de Massabielle)은 동굴이라고 하기에는 아주 작고 초라한 곳이다. 하지만 이곳에서 나오는 샘물에는 치유의 능력이 있다고 알려져 있으며, 이곳을 보기 위해 매년 수백만 명의 순례자들이 이곳을 찾고 있다.

루르드 성지에 왔으면 루르드 성지의 샘물을 맛보는 것이 당연한 코스일 것이다. 물맛을 한번 보았는데, 정말 시원하고 맛이 좋았다. 우리나라에서 먹었던 그 어느 약수터의 물맛에도 전혀 뒤지지 않는, 어마어마하게 시원하고 맛있는 생수였다.

성지 입구에는 이 샘물을 떠가려는 사람들을 위해 다양한 크기의 생수통을 팔고 있었고, 우리네 약수터처럼 여러 개의 커다란 생수통을 가져와서 물을 받아가는 사람도 많이 보였다. 물론 나 역시 이곳에서 생수 한 통을 받아왔는데, 여담이지만 약 한 달 후 집에 도착할 때까지도 생수통 속의 물은 처음 떴을 때 그대로의 상태를 유지하고 있었다.

내가 갔을 때는 때마침 촛대를 정리하고 있었다. 가운데 약간 우측에 성모상이 세워져 있는데, 성모님의 발현 장소를 재현한 것이라고 한다. 좌측 아래가 샘물이 나오는 곳이다.

사실 루르드 성지는 '세상에 이렇게 공기 좋고 물 좋은 곳이 다 있나' 할 정도로 사방이 맑고 깨끗했다. '이렇게 산 좋고 물 좋은 곳에서는 그냥 놀러 와도 병이 저절로 낫겠다'는 생각이 절로 들 정도였으니 말이다. 그만큼 공기는 티끌 하나 없이 맑았고, 성지를 관통하는 강은 시리도록 차갑고 깨끗했다.

이어서 성 비오 10세 대성당(Basilique Saint Pie X)에 들어갔다. 이 성당은 상당히 특이한 구조로 되어 있는데, 성당 지붕 쪽은 잔디밭으로 덮여 있고, 성당이 지하에 위치해 있다. 루르드에 몰려드는 수많은 사람들을 다 수용할 수 없게 되자, 루르드 성모 발현 100주년을 기념해서 지은, 동시에 거의 3만여 명을 수용할 수 있는 대성당을 지은 것이다.

이 대성당의 봉헌식은 1958년 3월 25일 과거 주프랑스 교황대사였던 안젤로 주세페 론칼리(Angelo Giuseppe Roncalli) 추기경의 주례로 거행되었는데, 그는 그해 10월 교황 요한 23세(Ioannes PP. XXIII)로 선출되었다.

성 비오 10세 대성당의 입구

성당 내부는 수많은 가톨릭 성인들의 성화가 쭉 걸려 있었다.

너무나도 유명한 그분. 마더 데레사 수녀님.

1. 프랑스 183

벽면에는 세계 각국어로 쓰인 주님의 기도와 그 나라의 전통 복장을 입은 한 성모자상이 걸려 있었다. 물론 한글로 된 기도문과 한복을 곱게 입은 성모자상도 걸려 있었다.

최근에 지어진 성당답게 십자가와 제대는 지극히 현대적인 모습을 띠고 있었다.

내 생애 최고로 맛있는 샘물 중 하나였던 루르드 샘물. 많은 이들이 물을 받고 있었다.

어느새 성모상 앞 대형 촛대에 초가 빼곡하게 꽂혔다. 단체 순례자들이 도착했는지, 동굴에는 다시 많은 사람들이 줄지어 서서 참배를 시작했다.

    루르드 성지 순례를 마치고 나올 때쯤, 하늘이 갑자기 어둑어둑해지더니 갑자기 비가 엄청나게 내리기 시작했다. 나는 황급히 성 비오 10세 성당 바로 앞에 있는 안내소로 대피를 했다.

    이 안내소에서 직원에게 이것저것 물어보며 이야기를 나누고 있었는데, 이곳 직원이 내 몰골을 유심히 보더니 나에게 '산티아고'에 가는 길이냐고 물었다. '간다'라고 했더니, 그 직원이 바로 이곳에서 산티아고 순례자 여권[13]을 판다는 것이 아닌가! 나는 그때까지도 산티아고 순례길

---

13) 순례자 여권(Credencial del Peregrino)은 산티아고 순례길을 걸었다는 증명을 하는 데 꼭 필요한 일종의 여행 증명서이다. 우리나라에서 국토 종주를 할 때 인증 센터에서 인증서에 도장을 찍듯이, 순례자 여권에다가 지나는 도시의 성당이나 알베르게, 여행자 센터 등에서 도장을 찍고 산티아고에서 제출을 하면 수료증이 나온다.

184   90일간의 유럽 자전거 여행기2

의 대표적 출발지인 생 장 피에 드 포르(Saint Jean Pied de Port)나 그 부근의 다른 출발지에서만 순례자 여권을 살 수 있는 줄 알았는데, 순례자 여권을 바로 이곳에서도 팔고 있었던 것이다.

　나가려던 길에 거센 비가 내렸고, 때마침 비를 피한 곳에서 내가 찾던 순례자 여권을 팔다니, 뭔가 산티아고 순례길과 긴밀히 연결되는 듯한 느낌을 받는 순간이었다.

갑자기 내린 거센 비. 덕분에 나는 산티아고 순례길과 첫 인연을 맺을 수 있었다.

그렇게 기분 좋게 루르드 성모 성지 순례를 마친 나는 근처에 있는 루르드 요새(Château fort de Lourdes)로 향했다. 높은 언덕 위에 세워진 성채였는데, 내부는 옛 모습을 재현한 박물관 등으로 꾸며져 있었다.

루르드 요새에 걸린 대형 현수막. '어서 오세요'라는 뜻의 세계 각국어가 적혀 있었는데, 정말 너무 아쉽게도 한글은 보이지 않았다. 쳇.

자전거 여행 2달째. 이제 이 정도 계단쯤은 아무것도 아닌 경지에 다다랐다.

옛날 이곳 사람들이 사는 모습을 재현해 놓았다. 소박하고 정겨웠다.

모두 이곳에 살던 동물들이었을까? 동물들의 박제가 전시되어 있었다.

그렇게 간단한 실내 구경을 마치고 요새의 정상에 올랐다. 이곳에서 내려다보는 루르드의 풍경은 환상 그 자체였다. 방금 전 내린 비 덕분에 산천은 더더욱 맑고 푸르렀으며, 옹기종기 모인 건물들과 몽글몽글 구름이 널려 있던 하늘, 푸르게 빛나는 산과 들이 뿜어내는 아름다운 멜로디는 잘 어우러진 한 폭의 수채화, 그 이상이었다. 그렇게 한참 동안 루르드의 풍경에 취해 그저 모든 곳을 바라만 보았다. 이 경치는 내게 큰 선물이었다.

루르드 시내와 성모 성지의 전경.
가운데 커다란 잔디 광장은 다름 아닌 성 비오 10세 대성당의 지붕 부분이다.

바람에 당당히 휘날리는 프랑스 국기. 예술 점수가 정말 10점 만점에 10점이다.

도심 한가운데 커다란 공동묘지가 조성되어 있었다. 전 세계에서 기적을 바라는 환자들이 몰려드니, 죽는 사람들도 분명 그만큼 많을 것 같았다. 루르드 사람들은 치유와 죽음, 이 두 가지 상반된 삶 모두와 아주 가깝게 지내고 있었다.

산, 바람, 강물. 아름다운 풍경 속에 자리잡은 루르드는 분명 축복받은 땅이었다.

아름다운 풍경이 주는 향기에 취해 그렇게 한참을 구경하다가 내려왔다. 내부 곳곳에는 예전 이곳 사람들의 생활상을 보여주는 물품들이 전시되어 있었다.

적당한 넓이의 구멍과 바닥의 기울기. 아니라고 말하고 싶지만, 너무나도 화장실로 의심되는 모습을 한 이곳.

적당한 거리를 두고 세워진 핀들. 그리고 두 개의 넘어진 핀과 그 사이의 공. 혹시 이건 볼링의 시초?

1. 프랑스   189

예전 이곳 사람들이 살던 집안의 모습.

피레네산맥 부근에 살던 사람들의 의복을 재현해 놓았다. 추운 산지라 그런지 여성들의 치마는 여러 겹으로 길게 되어 있었고, 남성들의 신발도 크고 두껍게 제작되어 있었다.

높은 산지에 사는 만큼 눈도 많은 지역이기에, 스키와 썰매 등이 발달한 모양이다

이리저리 구경을 하다 밖으로 나왔는데, 넓은 공간에 이렇게 다양하고 멋진 모습의 집 미니어처가 만들어져 있었다. 정말 감탄사가 절로 나오는 멋진 작품들이었다.

그렇게 루르드 구경을 모두 마치고 나는 타르브로 돌아갔다. 파란 하늘 아래 넓은 들판 사이로 난 길을 달리며, 나는 즐거웠던 하루를 되돌아보았다.

가슴속까지 시원해지는 루르드의 시원한 샘물 맛에 한 번 반하고, 그 수려한 경치와 자연에 또 한 번 반했던, 행복했던 루르드 & 타르브 여행이었다.

깎아지른 듯한 절벽 위에 세워진 루르드 요새. 이거 짓는 데 고생 꽤나 했겠구나 하는 생각이 절로 들었다.

타르브로 돌아가는 길.
높고 높은 푸른 하늘이 선사하는 상쾌함은, 뼛속까지 시원해지는 느낌 그 이상이었다.

타르브의 거리. 타르브는 프랑스 남부 오트피레네주(Hautes-Pyrénées)의 주도이다. 그만큼 이 지역에서는 중요한 도시이지만, 작고 조용한 시골 도시 같은 풍경이었다.

1.18. 하늘을 달리다, 생고뎅(Saint-Gaudens) 가는 길

2016년 6월 17(금)
일정 : 프랑스 타르브(Tarbes) ~ 생고뎅(Saint-Gaudens)
이동방법 : 자전거 / 이동거리 : 약 67km

작은 시골 도시의 아름다움을 품에 안고, 나는 다음 목적지로 향했다. 이날의 여정 역시 피레네산맥의 산줄기를 따라가는 여정. 목적지는 피레네산맥 바로 아래 있는 작은 도시 생고뎅(Saint-Gaudens)이었다.

너무나도 푸르른 하늘과 새하얀 구름. 피레네산맥이라는 천혜의 자연을 벗 삼아 달리는 길은 매 순간이 힐링의 연속이었다.

멋진 호숫가 옆에서. 호수의 물마저 시리도록 푸른색이었다.

벌써 한바탕 추수가 끝났나 보다. 이제 6월인데.

푸른 들판 저 멀리 눈이 쌓인 산 정상. 경치 하나는 진짜 끝내주는 곳이었다.

초지에서 한가로이 풀을 뜯고 있는 소 떼.

 194 90일간의 유럽 자전거 여행기2

이날의 라이딩은 이렇게 유유자적 흘러갔다. 하루 종일 너른 들판과 산만 보일 뿐, 사람은 거의 찾아볼 수 없었다. 도로도 마찬가지, 다니는 차들이 거의 없어서 나 홀로 이 도로를 전세 내고 달리는 그런 느낌이 들 정도였다. 자연과 하나 되어 힐링하며 자전거 여행을 하고 싶다면, 여기가 정말 제대로 된 힐링 장소인 듯했다.

피레네산맥이 지척이다 보니 경사가 매우 심했다. 평지로 달리다가도 어느새 산길로 접어들곤 했다.

농수로인 듯했는데, 물이 흐르는 곳에 앉아 점심을 먹었다. 물이 어찌나 차가운지, 손을 씻는데 아픈 느낌이 들 정도였다.

어쩌다 길에서 만난 사람들도 모두 친절했다. 눈이 마주치면 모두 웃으며 인사를 건넸고, 그들의 미소 속에 시골 인심의 넉넉함을 충분히 느낄 수 있었다.

산 쪽으로 쭉 난 길을 달리며, '설마 저 산을 넘어야 하는 건 아니겠지?'라는 걱정을 백만 번도 더 한 것 같다. 다행히도 그런 일은 일어나지 않았다.

드디어 도착한 생고뎅(Saint-Gaudens). 스페인과의 국경에서 그리 멀지 않은 곳에 위치한 이 도시는, 우리나라의 작은 군 크기의 도시였다. Host의 집은 이 시골에서도 외곽지역에 있었기 때문에 주변에서는 아무런 소음도 들리지 않았다. 정말 조용한 곳이었다.

오랜만에 만난 작은 마을의 예쁜 성당.

마을을 지나 오르막을 낑낑대며 오르던 중에, 다시 소 목장을 지나게 되었다. 언덕 너머 소가 빼꼼히 고개를 들고 나를 쳐다보길래 사진을 찍었더니, 근처에 있던 목장 주인이 사진 잘 찍으라고 소들을 불러주었다. 목장주가 입으로 무슨 소리를 내었는데, 신기하게도 소들이 우르르 몰려왔다. 그 덕에 소들과 인사를 나눌 수 있었다.

Host의 집에 거의 다 왔는데도, 민가는 거의 보이지 않았다. 뜨문뜨문 한 채씩 있을 뿐. 정말 시골 중에 시골이었다. 하지만 전망 하나만큼은 정말 끝내주는 곳이었다. 피레네산맥을 매일 바라보는 곳이었으니까.

 이 마을에 도착하자마자 얼마 안 있어서 비가 억수같이 내리는 바람에 도심 투어는 생략하고, Host와 함께 스포츠 매장에 가서 몇몇 필요한 물품을 사고 집에 와서 푹 쉬었다. 은근 오르막 내리막이 많아서 피곤했었나 보다. 만사가 귀찮아서 그랬는지 도착해서 찍은 사진도 하나 없었다. 여튼 이날 밤은 그렇게 푹 쉬고 푹 자며 체력을 보충했다.

1.19. 친구들과의 즐거운 파티, 툴루즈(Toulouse)

2016년 6월 18(토)

일정 : 프랑스 생고뎅 (Saint-Gaudens) ~ 툴루즈(Toulouse)

이동방법 : 자전거 / 이동거리 : 약 97km

프랑스 FRANCE 스페인 SPAIN

생고뎅(Saint-Gaudens)
▼
툴루즈(Toulouse)
▼
카르카손(Carcassonne)
▼
나르본(Narbonne)
▼
페르피냥(Perpignan)
▼
지로나(Girona)

 일정   생고뎅(Saint-Gaudens) ▶ 툴루즈(Toulouse) ▶ 카르카손(Carcassonne) ▶ 나르본(Narbonne) ▶ 페르피냥(Perpignan) ▶ 지로나(Girona)

이날은 아침에 늦잠을 잤다. 아침에 알람을 꺼버리는 바람에 늦게까지 뒹굴뒹굴 잠을 아주 푹 잤다. 그 덕에 그 어느 때보다도 상쾌하게 일어날 수 있었다.

뭔가 비가 거세게 올 것 같으면서도, 맑을 수도 있겠다는 기대감도 드는 하늘. 비라면 이미 충분히 맞았기 때문에, 나는 주저 없이 출발했다.

오랜 느낌이 팍팍 들지만, 왠지 모르게 정감이 가는 작은 시골 성당.

꺄제흐(Cazères)라고 하는 도시도 지났다. 가론강(La Garonne)이 도시를 흐르고 있는데, 다리를 건너며 바라본 도시의 모습은 정말 조용하고 평화로워 보였다.

다리에서 바라본 꺄제흐의 모습. 내 귓가에는 조용히 강물 흐르는 소리만이 들려왔다.

도시를 벗어나자 이렇게 수로가 곧게 정비된 구간이 나타났다. 이 길을 따라서 한참을 직진했다.

가면 갈수록 선명해지는 비구름. 우측 가운데 비가 오는 것이 보인다. 이쪽은 이렇게 맑은데 말이다. 그런데 난 왜 저쪽으로 가고 있는 거지? 결국 중간에 큰 소나기를 만나고 말았다.

프랑스 슈퍼마켓의 선두주자, Inter marché (인터 마르쉐)!!! 이 간판만 보면 무조건 들어가서 비상식량을 샀다. 언제 또 물건을 살 수 있을지 모르기 때문이다.

툴루즈(Toulouse)에 거의 다 와서는 생각지도 않은 장면을 목격했다. 거대한 로켓 발사대 비슷한 것이 서있고, 그 옆에는 예전에 쓰였음직한 커다란 잔해가 놓여 있기에 일단 사진을 찍고 후에 검색해보니, 세상에나 이곳 툴루즈가 바로 유럽의 항공·우주 산업의 중심지라고 하는 것이 아닌가! 세계 최대의 승객용 비행기로 유명한 A380을 제작해 화제가 된, 비행기 제작에 있어 미국 보잉사와 쌍벽을 이루는 유럽 최대의 항공기 제작사인 'AIRBUS(에어버스)'의 본사가 바로 이 툴루즈에 있다고 한다. 툴루즈에서는 이를 기반으로 항공·우주 산업과 관련된 다양한 관련 산업들이 종합적으로 발전하고 있다고 한다. 그제서야 왜 쌩뚱맞게 너른 들판에 로켓이 세워져 있는지 이해가 갔다.

시선을 사로잡는 너무나도 낯선 풍경.
에어버스의 본사가 이 도시에 있다는 것은 나중에야 알게 되었다.

툴루즈 역사의 시작은 고대로까지 거슬러 올라갈 만큼 오래되었는데, 이곳은 전통적으로 붉은색 벽돌로 건물들을 지어서 '장미 도시(La Ville

Rose)'라는 애칭을 갖고 있기도 하다. 건축용 석재가 거의 없어서 붉은 벽돌로 된 건물을 많이 지은 덕에 이런 별명이 붙었다고 하는데, 실제로 거리의 건물들은 온통 붉은색 물결을 이루고 있었다.

툴루즈에 들어서자마자 딱 드는 생각. '아, 붉다'

유로 2016의 열기는 이곳 툴루즈에서도 예외가 아니었는데, 바로 이 도시 역시 유로 2016 경기장이 있는 도시였기 때문이다. 이곳에 도착한 날이 18일이었는데, 바로 이틀 후인 20일에 러시아와 웨일즈의 예선 마지막 경기가 툴루즈에서 치러질 예정이었다. 덕분에 이 도시 역시 유로 2016의 열기로 후끈 달아오른 상태였다.

유럽 전역을 휩쓸고 있는 축구 열기는 이곳 툴루즈에서도 예외가 아니었다. 거리에는 얼마 전 있었던 응원의 흔적이 고스란히 남아 있었다. 이틀 후 이곳은 다시 광란의 도가니에 빠져들 것이다.

1. 프랑스

툴루즈에 온 첫날, Host와 나는 다른 친구들과 함께 툴루즈 야간 투어를 떠났다. 1차는 호프집에서, 2차는 클럽에서, 3차는 집에서. 프랑스인 Host(집주인)와 미국인, 인도인, 한국인 Guest(손님)의 만남. 무척이나 활달하고 재미있는 Host 덕분에, 생김새도 피부색도 모두 다른 전 세계인의 만남은 시간 가는 줄 모르고 흘러갔다.

다음 날 함께 모인 친구들과 함께 자전거를 타고 툴루즈 시내 관광을 떠났다. 인도인 친구가 떠난 자리는 새로운 독일인 친구가 채워놓은 채. 나는 내 자전거로, 다른 친구들은 모두 공공 자전거를 빌려서 도심 투어를 떠났다. 제일 먼저 찾아간 곳은 팔각형의 탑 구조를 가진 생 세르냉 대성당(Basilique Saint-Sernin de Toulouse)이었다.

이 성당은 무려 1120년 완공된 오랜 성당인데, 생 세르냉은 4세기경 툴루즈 최초의 주교로서 바로 이 성당이 지어진 자리에서 순교한 사람이라고 한다. 무척이나 독특한 외관으로 나의 시선을 사로잡았는데, 언뜻 봐서는 성당이라는 느낌이 전혀 들지 않을 정도였다.

생 세르냉 대성당. 툴루즈의 대표적 랜드마크인 이 대성당의 가장 큰 특징은 홀로 우뚝 높이 솟은 팔각형의 탑이다. 약 1000년 전에 지어졌다는 것이 믿기지 않을 정도로 보존이 잘 되어 있었다. 이 성당 역시 도시의 별명이 말해주듯, 붉게 물들어 있었다.

오랜 성당이니만큼 내부 장식은 비교적 단조로웠으나, 중앙 제대 부분은 여느 다른 대성당 못지않게 화려하게 빛났다.

다음으로 간 곳은 툴루즈의 관광 명소라고 하는 일본식 정원(Jardin Japonais)이었다. 일본 바로 옆 나라 한국에서 온 나에게는 그렇게 신기한 장소가 아닌데, 이곳 서양 친구들에게는 굉장히 신비로우면서 조용히 명상하기 좋은 장소로 여겨지는 곳 같았다.

아기자기한 것이 누가 봐도 일본식 정원의 모습. 순간 이런 생각이 들었다. '한국식 정원이라는 것은 어떤 모양이지?' 이런 문화를 수출하려면, 우선 우리나라 안에서 먼저 키워나가는 것이 중요하지 않을까 하는 생각을 해보았다.

정원 내 잔디밭에서는 함께 모여 여러 가지 게임을 즐겼다. '닌자 게임'이라고 하는 게임이었는데, 한 번씩 번갈아가며 손으로 상대방을 치는데, 상대가 맞게 되면 이기는 게임이다. 나는 독일 친구의 맹활약 속에 광속 탈락을 이어갔다.

  이 게임이 끝나고 옆에 원반던지기를 하던 사람들이 있어서 함께 원반던지기 놀이를 했다. 이 원반던지기는 미국 친구가 월등한 기량을 자랑했는데, 어릴 적 집에서 많이 해봤다고 했다.

여러 국적의 친구들이 모여 게임을 하니 정말 시간 가는 줄 몰랐다.
내 게임 실력은 왜 이리 안 좋은 거지.

  그렇게 즐거운 시간을 보내고 다시 강가로 향했다. 강과 다리가 한눈에 보이는 계단에 걸터앉아, 근처 터키 식당에서 사온 케밥으로 저녁을 먹으며 끝나지 않을 이야기를 계속해서 이어나갔다.

어느덧 어둑어둑해진 툴루즈. 이제는 9시가 넘어서야 해가 넘어가기 시작했다.
생 삐에르 다리(Pont Saint-Pierre)에도 조명이 환히 켜지기 시작했다.

저녁을 먹은 후 근처 호프집에 들러 스위스와 프랑스의 유로 2016 예선 마지막 경기를 보았다. 경기 결과와 상관없이 두 팀 다 예선을 통과한 상태라 경기에는 모두들 크게 집중하지 않는 듯했다. 하지만 호프집 대형 화면 앞은 사람들로 발 디딜 틈 없이 꽉 들어차 있었다.

그렇게 화려하면서도 즐거운 2박 3일간의 툴루즈 여행은 순식간에 지나가 버렸다. 생각보다 툴루즈에서 찍은 사진이 많지 않았는데, 워낙 여기저기 돌아다니면서 활동적으로 움직이고 친구들과 놀다 보니 사진을 많이 찍지 못한 듯했다.

축구, 친구들, 맛있는 맥주와 다른 여러 술과 안주들. 모든 것이 완벽하게 갖춰져서 즐거웠던 도시 툴루즈. 사진은 많이 찍지 못했지만, 이 도시는 나의 몸이 기억하는 도시가 되었다.

1.20. 숨 막힐 듯한 아름다움, 중세의 기억을 간직한 역사의 도시, 카르카손(Carcassonne)

2016년 6월 20(월)

일정 : 프랑스 툴루즈(Toulouse) ~ 카르카손(Carcassonne)

이동방법 : 자전거 / 이동거리 : 약 100km

    툴루즈에서의 화려했던 2박 3일간의 여정을 마친 후, 카르카손(Carcassonne)이라는 도시로 향했다.

    이날 가는 길은 미디 운하(Canal du Midi)를 따라가는 길이었다. 운하를 따라 심어진 나무가 아주 커서 오래된 운하인 줄은 예상했는데, 이 운하의 건설 시기는 나의 예상보다 훨씬 오래되었다. 자그마치 1667년 ~ 1694년 사이에 만들어진 운하라고 한다. 1694년은 조선 19대 임금 숙종(재위 1674년 ~ 1720년)이 통치하던 시기인데, 그때 만들어진 운하 길을 지금 내가 따라가는 것이었다.

    심지어 작은 운하도 아니었다. 미디 운하는 툴루즈와 지중해를 연결하는 무려 360km 길이의 운하로서, 수많은 수로와 수문, 다리, 터널 등이 설치되어 있는 프랑스 토목공사의 살아 있는 역사 그 자체이다.

미디 운하(Canal du Midi). 미디 운하 길을 따라 자란 나무들은 그 오랜 역사를 보여주듯 엄청나게 크고 아름다웠다. 물은 짙은 녹색을 띠고 있었다. 지금도 수많은 배들이 오가는, 아직도 살아 숨 쉬는 운하였다..

그렇게 멋진 운하 길을 달려 카르카손에 도착했다. 카르카손은 아주 멋진 중세의 성 유적이 있는 것으로 유명한데, 막 이 도시에 도착했을 때 나는 나의 운명을 알지 못했다. 내가 어느 곳에서 자게 될지….

카르카손. 사진에 보이는 성이 바로 카르카손을 대표하는 곳이다. 오드강(La Aude)이 시내를 관통하며 흐르고 있고, 크게 신시가지와 성이 있는 구시가지로 도시가 나뉜다.

Host의 집을 찾아 계속해서 이동했는데, 어느새 나는 이 중세의 성안에 들어와 있었다. 그때까지 나는 내가 이 성안에서 잘 수 있으리라고는 생각도 하지 못했는데, 세상에 Host의 집이 성안에 있는 것이 아닌가! 이번 여행을 통해 수많은 형태의 집에서 잠을 자보았지만, 이렇게 문화재급의 성안에서 잠을 자는 것은 처음이었다. 너무나도 놀랍고도 흥분되는 경험이 아닐 수 없었다.

카르카손은 오랜 역사를 거쳐 온, 그 자체로 유네스코 세계 문화유산에 등재된 멋진 문화재이기도 하지만, 더욱 놀라운 것은 그 안에 오늘을 살아가는 사람들의 숨결이 생생히 느껴지는 삶의 현장이 있다는 점이다. 성안에는 좁은 골목을 따라 관광객들을 대상으로 하는 수많은 레스토랑, 기념품 가게 등 다양한 상점들과 숙박업소 등이 운영 중에 있었으며, 멋진 경치와 중세의 흔적을 찾아온 관광객들로 문전성시를 이루고 있었다.

Host의 집에서 멋진 저녁을 먹은 나는 지체할 것 없이 바로 성 구경에 나섰다. 시계는 저녁 9시를 가리키고 있었는데, 아직 하늘은 한낮처럼 밝게 빛나고 있었다. 여름의 유럽은 정말 해가 길었다.

성은 정말 놀랍도록 아름다운 풍경 그 자체였다. 뉘엿뉘엿 넘어가는 햇빛을 받아 붉게 물들어가는 성벽은 그 자체가 이미 멋진 풍경화였다. 나는 숨 막힐 듯 아름다운 그 풍경을 정말 넋을 놓고 한참 동안 쳐다보았다. 반짝반짝 빛나는 성벽이, 마치 과거로 시간여행을 간 나에게 말을 걸어오는 듯한 그런 느낌이었다.

카르카손성과 성벽 사이에는 이렇게 넓은 길이 나 있었다. 워낙 크기가 큰 탓에 그 길을 따라 성을 한 바퀴 도는 데에도 시간이 한참 걸린다.

성에서 바라본 카르카손 도심 풍경. 여느 평범한 시골 지역처럼, 이곳도 옹기종기 집들이 빼곡히 모여 있었다.

감히 나의 유럽 여행 사진들 중에서 최고의 사진이라고 뽑을 수 있는 사진.
석양에 붉게 물든 성은 정말 너무나도 아름답게 빛나고 있었다.

성을 둘러볼 때 아직 해가 완전히 지지는 않았었지만, 시간은 꽤 늦은 시간이었기 때문에 식당들 외에는 모든 상점들이 문을 닫은 상태였다. 조용한 거리를 비추는 가로등 불빛을 벗 삼아, 나는 과거로의 시간여행을 즐겼다.

카르카손 성 내부의 밤거리. 밤거리라고 하기에는 해가 너무 늦게 졌다. 사진으로 이때가 밤이었는지 낮이었는지 구분할 수 있는 유일한 방법은 가로등이 켜졌는지 꺼졌는지 확인하는 것뿐이다. 성의 밤은 평온했다.

1. 프랑스   209

성안에서 평화로운 하룻밤을 보내고, 다음 날 나는 성을 나서기 전 다시 한번 성을 찬찬히 둘러보기로 했다. 이른 아침을 맞은 카르카손 성은 이날 하루를 맞이할 준비로 분주히 돌아가고 있었다.

어느 카페 한가운데에는 저렇게 멋진 나무가 한 그루 있었다.

카르카손의 이른 아침은 고요했다. 골목에는 오직 나의 발소리만이 메아리치고 있었다.

전날 저녁에 들렀는데 문이 닫혀서 들어가지 못한 곳, 생 나제르 성당(Basilique Saint Nazaire)에 들어갔다. 1096~1150년 사이에 처음 지어진 이 성당은 그 이후 여러 번의 수리를 거쳐서 오늘날의 모습을 갖추게 되었다고 한다.

성당의 외관. 성안에 있어서 그런지 그렇게 크지는 않았지만, 그렇다고 완전 자그마한 그런 곳도 아니었다.

오랜 옛 성당을 둘러보는 또 다른 재미. 바로 내가 제일 좋아하는 가고일이다. 가고일은 보면 볼수록 빠져드는 매력이 있는 것 같다.

성당의 제대. 화려한 스테인드글라스가 중앙 제대를 감싸고 있었다.

성당 바로 옆에는 대형 노천 공연장이 있었다. 수천 석의 좌석이 준비된 이 초대형 야외 공연장은, 아름다운 옛 성과 묘한 조화를 이루고 있었다. 이곳에서 만약 클래식 연주 공연을 한다면, 그것을 이곳에서 바로 듣는다면 어떤 기분이 들까… 나 혼자만의 행복한 상상을 하며 공연장을 둘러보았다.

대형 노천 공연장. '여기서 공연이 열린다면 꼭 한번 구경을 와야지'라는 다짐을 수없이 할 정도로 너무나도 아름다운 공연장이었다.

나는 천천히 성을 둘러보며, 어젯밤 둘러봤던 곳을 다시 방문했다. 맑은 아침 하늘 아래 보는 카르카손성은 전날 석양빛에 물들었던 모습과는 또 다른 멋을 뽐내고 있었다.

저녁 석양빛에 붉게 물들었던 모습과는 또 다른 멋으로 다가오는 카르카손성.

아직 이른 아침이어서 그런지, 세상은 아직 잠에서 깨어나지 않았다.

성에서의 하룻밤. 정말 생각지도 못한 커다란 선물을 받은 느낌이었다. 영원히 잊지 못할 지난밤을 떠올리며, 나는 천천히 다음 도시로 이동했다.

색다른 곳에서 조용히 사색을 즐기고 싶다면, 자신의 발자국 소리에 귀를 기울여보고 싶다면, 카르카손에서 이른 아침을 맞이하면 된다.

1.21. 지중해의 열정을 담다. 축제의 현장, 나르본(Narbonne)

2016년 6월 21(화)
일정 : 프랑스 카르카손(Carcassonne) ~ 나르본(Narbonne)
이동방법 : 자전거 / 이동거리 : 약 58km

나는 천천히 다음 도시 나르본으로 향했다. 피레네산맥을 그냥 넘는 것은 힘들겠다는 판단에, 그래도 산이 가장 낮을 것으로 예상되는 지중해 쪽으로 가서 국경을 넘기로 결정했기 때문에, 다시 바다 쪽으로 가게 되었다.

지중해로 가까이 갈수록 나무들의 크기가 점점 작아지고 공기가 건조해지는 것이 느껴졌다. 햇빛도 물론 강해졌다. 계절이 여름으로 가고 있는 탓도 있었지만, 확실히 많이 따뜻해진 대기가 피부로 느껴졌다.

카르카손성의 입구. 입구에는 어느 여인의 흉상이 있는데, 이 성이 샤를마뉴 대제에게 포위될 위기에 처한 순간 기지를 발휘해서 성을 지켜낸 카르카스(Carcas) 왕비의 흉상이라고 한다.

카르카손 신시가지. 성에서의 인상이 너무 강렬해서 그런지 사실 신시가지는 거의 눈에 들어오지도 않았다.

오늘도 날씨는 매우 좋음. 화창한 날씨 속에 맑은 공기를 마시며 한 걸음 한 걸음 나아갔다.

시원하게 뚫린 도로. 프랑스의 도로에서 파리를 제외하고는 차가 막힌 것을 한 번도 본 적이 없었다.

 이날은 폰 내비게이션 설정이 잘못되었는지, 이번 여행에서 가장 험난한 길로 나를 인도했다. 불쑥 길도 제대로 나 있지 않은 산으로 안내한 것이 아닌가! 산악용 자전거도 아니고, 뒤에 짐이 잔뜩 실린 채로 길도 제대로 나 있지 않은 산을 넘는데 정말 세상의 모든 욕이 자동으로 다 튀어나올 정도였다.

 결국 도로가 있는 쪽으로 무작정 길을 '만들어서' 나갔다. 겨우 길다운 길로 들어서서 페달을 굴리는데, 지난 두 달이 넘는 기간 동안 거의 매일 자전거를 탔던 효과가 나타나는 것이 느껴졌다. 그 험한 산을 넘었는데, 앉아서 페달을 굴리자 금세 체력이 회복되는 것이 아닌가! 피레네산맥을 넘는 예행연습이었을까. 여튼 이날의 여행길은 역사에 길이 남을 험난한 길이었다.

 이윽고 점심시간이 되어 쉴 곳을 찾는데, 이번에는 그늘이 보이지가 않았다. 뜨거운 햇살 아래 키가 작은 농작물들만 자라고 있을 뿐, 햇살을 피할 곳은 그 어디에도 없었다. 결국 돌고 돌다 작은 언덕이 마련해준 그늘 아래로 숨어서 점심을 먹기 시작했다.

 이 넓은 지역 어디에도 그늘은 보이지 않았다.

 겨우 찾은 그늘. 이 작은 언덕이 선사해 주는 얕은 그늘이 이날 나의 쉼터가 되었다.

 이날의 점심. 바게트 빵으로 만든 샌드위치는 하나만 먹어도 배가 가득 불렀다.

우리나라에서 길을 걷다 보면 어디선가 정자가 툭툭 나타나는 것처럼, 이곳에서는 석조 건물들이 툭툭 튀어나왔다. 저 언덕 위 건축물은 언제, 누가 지은 건물의 잔해일까.

그렇게 푸른 하늘 아래 길을 달리고 달려, 목적지 나르본(Narbonne)에 도착했다. 지중해에 인접한 도시 나르본은, 로마 제국이 갈리아에 세웠던 '나르보 마르티우스(Narbo Martius)'를 도시의 기원으로 할 만큼 오래된 도시이며, 로마시대의 유적이 아직 남아 있을 정도로 역사를 잘 간직한 도시이기도 하다.

대성당 바로 옆 나르본 궁전(Palais des archevêques). 대주교가 기거하던 궁전이라고 한다.

이 궁전 앞에는 로마 시대에 만들어진 길(La Via Domitia)이 아직도 남아 있다. '모든 길은 로마로 통한다'

이 건물 바로 뒤에는 나르본 대성당(Cathédrale Saint-Just et Saint-Pasteur)이 있다. 이 성당은 다른 대성당과는 많이 다른 무엇인가가 있다. 바로 짓다가 중단한 성당인 것이다! 공중에서 찍은 사진을 보면 더

성당의 앞쪽. 아주 평범한 대성당의 모습을 갖추고 있다.

성당의 뒤쪽. 벽으로 막힌 성당 뒤쪽 벽에는, 이렇게 거대한 파이프 오르간이 매달려 있다.

욱 확실하게 알 수 있는데, 이 성당은 1272년 짓기 시작해서 앞부분만 겨우 완성되고 공사가 중단된 이후 뒤쪽을 그냥 마감해 버렸다. 때문에 아주 독특한 외관을 가진 성당이 되었다.

화려한 앞쪽에 비해, 뒤쪽은 그냥 '마감'이 되어 버렸다.
그래서 오늘날 더 독특한 모습으로 기억에 남는 성당이 되었다.

바깥에서 보면 이 성당의 독특한 모습을 더 잘 느낄 수 있다.
평평하게 벽으로 막혀버린 대성당의 뒤쪽 부분. 바로 이 벽에 오르간이 매달려 있다.

이날 저녁, 나르본에서는 큰 음악 축제가 열렸다. 이 축제는 나르본 뿐만 아니라 프랑스 전역, 나아가 유럽 곳곳에서 열리는 음악 축제였다.

매년 6월 21일에 열리는 음악 축제의 명칭은 'Fête de la musique' (직역하자면 '음악 축제')이다.

이 축제는 1982년 프랑수아 미테랑 대통령 시절, 대중들에게 보편적인 문화 체험의 기회가 제공되어야 한다는 '문화 민주주의' 정책에 따라서 탄생한 범국민적 음악 축제인데, 이날은 클래식, 대중음악 등 모든 장르의 음악공연이 모든 공공장소에서 무료로 열린다. 이 축제는 오늘날 유럽 곳곳으로 퍼져서 범유럽권의 음악 축제로 성장하게 되었다고 한다.

Host의 설명으로는 여름을 맞이하는 의미도 가미되어 많은 사람들이 거리로 나와서 함께 여름을 반기며 즐기는 축제가 되었다고 했다.

광장을 가득 메운 인파들. 화려한 탱고와 함께 이날의 화려한 음악 축제가 막을 올렸다.

지중해에 접한 도시라 그런지 해산물이 유명했다. 이 식당에서도 음악과 함께였다!

모든 시민들과 함께한 늦은 밤거리 퍼레이드. 음악은 지칠 줄 모르고 모두의 정열을 불태웠다.

나르본에서 느낀 것은 바로 축제에 대한 정열이었다. 음악 축제와 함께한 밤이라서 그랬는지 모르겠는데, 이날 밤은 그 어느 때보다도 뜨거웠다. 리듬에 몸을 맡긴 채, 그렇게 나는 정열의 뜨거움 속으로 뛰어들었다.

1.22. 프랑스에서의 화려한 마지막 밤, 페르피냥(Perpignan)

2016년 6월 22(수)
일정 : 프랑스 나르본(Narbonne) ~ 페르피냥(Perpignan)
이동방법 : 자전거 / 이동거리 : 약 74km

다음 날, 프랑스의 마지막 도시 페르피냥으로 향했다. 날씨는 점점 따뜻해져 왔고, 주변 환경이 조금씩 건조한 기후로 바뀌는 것이 온몸으로 느껴지기 시작했다.

나르본의 그림같은 자전거 길. 이날 역시 하늘은 시리도록 푸르렀다.

이날 달린 길은 곧게 뻗은 운하를 따라가는 길이었다. 운하의 이름은 호빈느 운하(Canal de la Robine)였는데, 작열하는 태양 아래 홀로 건너는 운하 길은 낯선 풍경들로 나의 시선을 사로잡았다.

제일 먼저 눈길이 간 것은 옆으로 누운 듯이 자라는 나무들이었다. 이 근방은 키가 큰 나무들이 거의 보이지 않았는데, 눈에 띄는 특징들이 있다면 어느 정도 키가 큰 나무들도 다들 한쪽으로 완전 휘어져 자라고 있다는 점이었다. 바람 때문인지, 아니면 다른 이유가 있는 것인지 확실치는 않지만, 이날 달리며 바람을 맞아보니, 바람 때문에 휘어져 자라는 것이 맞을 것 같다는 생각이 들었다.

두 번째, 고요함이었다. 전날 왁자지껄한 축제가 지나간 다음 날이라는 것을 감안하더라도, 온 세상이 너무나도 고요했다. 중간에 잠깐 지나간 도시도 이상하리만치 고요했다. 곳곳에 짙게 낀 해무가 그런 고요함에 적막함을 더해 주는 듯했다.

옆으로 누운 채 자라는 나무들. 이곳의 환경이 얼마나 척박한지 상징적으로 보여주는 듯하다.

길이 나 있긴 했지만, 곳곳이 이렇게 물에 잠겨 있는 등 도로 상태는 아주 좋지 않았다. 물론 포장도 되어 있지 않아서 아주 고생했다.

분명 한쪽은 지중해 바다고 다른 한쪽은 연못일 텐데, 달리다 보면 어디가 어느 쪽인지 종종 헷갈렸다. 이정표로 삼을 산 하나 없이 드넓게 펼쳐진 평지는 어디가 끝인지 가늠조차 할 수 없었다.

분명 출발할 때는 아주 파란 하늘이었는데, 언제부터인가 안개가 짙게 끼기 시작하더니, 아예 짙은 해무가 시야를 거의 가릴 지경이 되었다. 잠시 후 도착한 작은 도시는 한술 더 떠서 마치 영화 '28일 후'에 나오는 도시 같았다. 지나는 사람 하나 보이지 않고, 도시 전체가 적막감에 휩싸여 있었다.

세인트루이스섬(île Saint-Louis). 지도를 확인해보니 내가 가는 길은 거대한 호수 사이로 난 길이었다. 덕분에 배도 안 타고 섬으로 들어와버렸다.

작은 항구 도시였던 누벨르 항구(Port-la-Nouvelle).
마치 도시 전체가 잠들어 있는 듯한 느낌이었다.

그렇게 안개에 싸인 채 외로운 라이딩을 계속 하는가 싶었는데, 안개가 조금씩 걷히더니 이내 출발했을 때 보았던 푸른 하늘이 나타나기 시작했다. 하늘이 갑자기 확 바뀐 만큼, 주변 경치도 버라이어티하게 변했다. 주변에 꽃이 보이기 시작했고, 따뜻함이 느껴지기 시작했다.

같은 날, 인접한 곳이 맞나 의심이 들 정도로 확 바뀐 하늘과 경치. 이 날 풍경은 확확 바뀌는 재미가 아주 풍성했다.

길가에 세워져 있는 녹슨 철 십자가.

이곳이 따뜻한 지역임을 보여주는 사진. 들판 곳곳에 아무렇게나 자라는 용설란이었다. 추위에 약하기 때문에 따뜻하고 건조한 지역에 주로 자생하는 식물이며, 100년 가까이 살지만 꽃을 딱 한 번 피우고 죽는다고 한다.

잠시 후, 지금껏 달렸던 유럽의 도로들 중에서 경치로는 거의 첫손가락에 꼽을 만한 길을 달리게 되었다. 그림같은 풍경을 곁에 두고 바닷바람을 가르며 달리는 길이었는데, 거짓말같이 싹 걷힌 안개 덕에 이곳이 더욱 선명하게 기억에 남았는지도 모르겠다. 이곳의 멋진 기억 덕분에, 이날 느꼈던 피로가 모두 가시는 듯했다.

이렇게 멋진 도로를 달리는데, 어찌 엄지손가락을 치켜올리지 않을 수 있을까.

맑고 투명한 물은 마치 보석처럼 반짝반짝 빛나고 있었다.

그렇게 멋진 바닷가를 달리다가, 잠시 후 해변가에 다다랐다. 드넓은 백사장에는 몇몇 사람들이 해수욕을 즐기고 있었는데, 정말 바다에 들어갈까 말까 많이 고민을 했다. 이때가 아니면 언제 지중해 바닷물에 몸을 담글 수 있을까… 하지만 지금은 어디에 도착해서 이날의 여행을 마친 것이 아니라 '여행 중'이었고 자전거를 비롯한 많은 짐들이 딸려 있었기 때문에, 아쉽지만 다음에 기회가 되면 꼭 들어가는 것으로 하고 이날은 눈으로 즐기는 것으로 마무리하기로 했다.

엄청나게 넓은 백사장에서 여유롭게 일광욕과 해수욕을 즐기는 이들. 내 마음은 벌써 저 푸른 바닷속으로 뛰어들고 있었다.

카페인 듯한 건물. 아직 본격적인 해수욕철이 아니라 그런지 운영되고 있지는 않았다.

해변에서 조금 떨어진 곳에 곧게 뻗은 도로가 쭉 이어져 있었다. 저 앞에 다음 날 넘게 될 피레네산맥의 끝자락이 내가 오기만을 기다리고 있는 듯했다.

그렇게 멋진 지중해 풍경에 취해 달리다 보니 어느새 내 여행에서 마지막으로 지나는 프랑스 도시, 페르피냥에 도착했다. 페르피냥은 동쪽으로는 지중해, 남쪽으로는 스페인 국경과 인접해 있는데, 과거에는 중세 에스파냐의 왕국이었던 아라곤 왕국(Reino de Aragón)의 영토이기도 했으며, 1659년 11월 7일 스페인의 펠리페 4세와 프랑스의 루이 14세가 프랑스-스페인 전쟁을 끝내면서 맺은 피레네 조약(Peace of the Pyrenees)에 의해서 프랑스 영토로 편입되었다고 한다.

또한 카탈루냐(카탈루냐어 : Catalunya / 스페인어: Cataluña / 프랑스어: Catalogne)[14] 지방과 가까워서 그곳의 문화가 많이 유입되었다. 도시의 기원 자체가 스페인과 밀접한 연관을 갖고 있고, 1936년부터 시작된 스페인 내전을 피해서 많은 카탈루냐인들이 이곳으로 모여드는 바람에 그들의 문화가 이 지역에 녹아들게 되었다고 한다. 실제 거리에는 프랑스 국기와 함께 카탈루냐의 깃발이 함께 걸려 있는 모습을 쉽게 볼 수 있었다.

한편, 음악 축제는 이날도 계속되는 듯했다. 저녁을 먹으러 Host와 함께 밖으로 나섰는데, 어느 작은 광장에서 축제가 한창이었다. 밴드의 흥겨운 음악에 맞춰서 사람들은 짝을 이뤄 춤을 즐겼는데, 나 역시 어제

---

14) 스페인 북동부 프랑스와 접한 스페인 광역자치주. 주도는 바르셀로나이며, 스페인 내전 이전에는 자치권을 갖고 있었으나, 프랑코 정권 시절에는 거센 탄압을 받게 되었다. 1975년 프랑코가 사망하고 민주주의가 회복된 이후 다시 자치권을 회복하였고, 이후 지속적인 독립 움직임을 보이고 있다. 2017년에는 독립을 선언하기도 하였으나, 스페인 정부에서 이를 무효화하기도 했다.

에 이어 불타는 밤을 즐겼다. 쉴 틈 없는 춤과 음악의 앙상블에 프랑스에서의 마지막 밤은 붉게 물들어갔다.

프랑스에서의 마지막 밤은 시원한 술 한 잔, 음악, 춤.
모든 것이 완벽하게 갖춰진 그런 밤이었다.
피부색도, 옷차림도 중요하지 않았다. 그곳에서는 모두가 함께 어울릴 수 있었다.

러시아를 제외하고 유럽에서 가장 큰 영토를 자랑하는 프랑스.[15] 그런 프랑스를 동에서 서로, 그리고 다시 남쪽으로 쉼 없이 가로지르다 보니 프랑스에서만 거의 한 달을 보내게 되었다. 그동안 수많은 도시들을 방문했고, 수많은 음식들을 먹으며, 다양한 삶의 현장 속으로 들어가서 그들을 들여다볼 수 있었다. 다양한 자연환경을 접하기도 했고, 멋진 성을 방문하기도 했으며, 기적의 샘물을 맛보기도 했다. 축제의 현장에도 있었고, 세계적인 관광지도 두루 방문했다.

---

15) 해외 영토(119,396km²)까지 모두 합친 영토 면적은 프랑스가 러시아 다음으로 유럽 2위이지만, 본토만 따졌을 경우 우크라이나가 프랑스보다 더 크다.

우리나라에서도 한번 겪어보지 못한 대홍수를 만나기도 했고, 덕분에 좋은 친구를 만나 대피소 피난이라는 뜻밖의 경험도 하는 등 다사다난한 한 달이었다.

무엇보다, 많은 친구들을 만나서 더욱 행복했던 프랑스에서의 한 달이었다. 그렇게 프랑스는 마음 깊이 멋진 추억의 나라로 남았다.

Host의 집에서 바라본 페르피냥의 전경. 굿바이 프랑스.

2.
스페인

스페인 SPAIN

지로나(Girona)
▼
바르셀로나(Barcelona)
▼
이구알라다(Igualada)
▼
예이다(Llerida)
▼
부자랄로스(Bujaraloz)
▼
사라고사(Zaragoza)
▼
미란다 데 에브로(Miranda de Ebro)
▼
부르고스(Burgos)
▼
카스트로헤리스(Castrojeriz)

일정 지로나(Girona) ▶ 바르셀로나(Barcelona) ▶ 이구알라다(Igualada) ▶ 예이다(Llerida) ▶ 부자랄로스(Bujaraloz) ▶ 사라고사(Zaragoza) ▶ 미란다 데 에브로(Miranda de Ebro) ▶ 부르고스(Burgos) ▶ 카스트로헤리스(Castrojeriz)

2.1. 오랜만에 넘은 국경, 스페인의 관문, 지로나(Girona)

2016년 6월 23일(목).
일정 : 프랑스 페르피냥(Perpignan) ~ 스페인 지로나(Girona)
이동방법 : 자전거 / 이동거리 : 약 95km

넓디넓은 프랑스를 지나, 정말 오랜만에 국경을 넘는 날이 다가왔다. 그 말은 곧 오늘이 피레네(영 : Pyrenees / 프 : Pyrénées / 스 : Pirineos)산맥과의 한판 승부가 벌어지는 날이라는 뜻이었다. 멀리 점점 나에게로 다가오는 높은 산을 바라보며, 그 어느 때보다도 파이팅 넘치게 출발했다.

페르피냥의 외곽에 있던 멋진 건물.

도심을 벗어나자 곧이어 나타난 드넓은 초지. 멀리 우뚝 솟은 피레네산맥이 나를 기다리고 있었다.

피레네산맥을 넘기 전. 작은 마을 정류장에서 잠시 숨을 고르며 밥을 먹고 휴식을 취했다. 이곳을 떠나면, 이제 나와의 싸움이 시작될 것이다.

잠시 후, 드디어 피레네산맥에 들어섰다. 각오는 되어 있었지만, 그곳은 정말 끝없는 오르막의 연속이었다. 뒤에 짐을 잔뜩 실은 채 자전거를 타고 오르막을 올라간 적이 있는 사람이라면 나의 기분을 알 것이다. 페달을 밟아도 나가는 것 같지도 않고, 허벅지는 터질 듯 부풀어오르기 시작했다. 과연 오늘 내로 넘어갈 수는 있을까, 끝이 보이지 않는 오르막을 계속 오르며, 자전거를 세워두고 쉬는 것도 여러 번. 결국 자전거에서 내려 끌고 가기도 했다.

정말 산속으로 끝없이 들어갔다. 앞에도 뒤에도 온통 산이었다. 끝없는 오르막에 지쳐갔지만, 나는 오직 하나, 이 오르막만 끝나면 내리막이 펼쳐질 것이라는 희망 하나만 바라보고 앞으로 나아갔다.

'벨가르드 요새(Fort de Bellegarde)'는 산 깊숙이 국경 부근에 있는 요새이다. 하지만 도저히 그곳에 갈 수 없었다. 그곳에 가려면 옆길로 새서 더 높이 올라가야 했기 때문이다.

앞에도 산, 뒤에도 산. 그동안 지나온 많은 숲들과 언덕들은 바로 오늘을 위한 연습이었을까. 나는 정말 이를 악물고 앞으로 나아갔다.

산을 얼마나 올랐을까, 작은 마을이 나타났다. 드디어 프랑스의 마지막 마을에 들어선 것이다. 국경에 붙어 있는 이 마을의 관공서인 듯한 건물 앞에는 유럽 연합 기, 프랑스 국기, 카탈루냐 기가 함께 걸려 있었다. 이 마을에 들어서니 정말 프랑스와 이별을 할 때가 왔다는 실감이 났다.

나란히 걸려 있는 유럽 연합 기와 프랑스 국기, 카탈루냐 국기. 나는 프랑스의 끝에 와 있었다.

오랜만에 만난 국경 검문소. 유로 2016의 영향 때문인지 스페인에서 프랑스로 들어오는 차들에 한해서만 검문이 실시되고 있었다. 이제 저기만 지나면, 내리막이다!!!

드디어 스페인에 들어섰다!!! 공식 명칭은 에스파냐 왕국인데, 영어식 표기는 스페인이며, 미국, 한국 등 몇몇 나라들에서만 스페인(Spain)이라고 부른다고 한다.

스페인 왕국(스 : Reino de España/ 영 : Kingdom of Spain)[16]은 유럽 남서부 이베리아 반도에 위치한 나라로서, 동쪽으로는 프랑스와 안도라, 서쪽으로는 포르투갈과 국경을 마주하고 있다. 남쪽의 지브롤터 해협[17]을 건너면 아프리카 모로코로 갈 수 있는데, 이 지브롤터 해협의 가장 좁은 폭은 14km밖에 되지 않는다고 한다.

유럽 연합 회원국 가운데 프랑스 다음으로 넓은 영토를 가진 스페인은, 유럽과 아프리카의 길목에 위치한 지정학적 특성상 로마 제국의 지배를 받다가 이슬람 왕조의 지배를 받기도 했다. 덕분에 스페인에는 로마의 유적과 더불어 이슬람의 향기도 물씬 풍기는 독특한 유산들이 많이 남아 있다.

스페인은 1492년 그라나다를 정복함으로써 거의 800년간 이어진 이슬람의 지배를 종식시켰는데, 그 해는 바로 콜럼버스가 아메리카 대륙을 발견한 해이기도 하다. 스페인은 이후 16~17세기에 걸쳐 수많은 식민지를 정복함으로써 전성기를 누렸고, 아메리카 대륙과 아프리카, 그리고 유럽 곳곳에 식민지를 건설하거나 영향력을 끼치는 나라가 되었다.

---

16) 에스파냐와 스페인 모두 이베리아 반도를 뜻하는 라틴어 '히스파니아(Hispānia)'에서 유래되었다. 스페인에서 쓰는 정식 국명은 에스파냐 왕국이지만, 우리나라에서는 스페인으로 칭하고 있기 때문에 이 책에서는 스페인으로 적도록 하겠다.
17) 아프리카 모로코의 끝 세우타(Ceuta)는 스페인 영토이고, 스페인에서 툭 튀어나온 지브롤터(Gibraltar)는 생뚱맞게도 영국 영토이다. 지정학적 중요성 때문에 이 좁은 해협을 둘러싼 스페인, 영국, 모로코의 이해관계는 아주 첨예하게 얽혀 있다.

하지만 영원한 강자는 없는 법. 프랑스, 미국과의 전쟁에서 잇달아 패배하면서 점차 약해졌고, 20세기 들어서 1, 2차 세계대전은 비껴갔지만 그보다 참혹할지도 모를 피비린내 나는 내전(1936~1939)을 겪으며 혼란하면서도 비극적인 근현대사를 맞이하게 된다.

마드리드를 점령함으로써 내전을 종식시킨 프란시스코 프랑코[18]는 1939년부터 1975년 죽을 때까지 무려 36년간이나 스페인을 철권 통치했는데, 1936년부터 1939년까지 일어난 스페인 내전 기간 동안 50만, 내전 이후 프랑코 집권 시기 최소 10만에서 최대 30만의 인구가 희생되었다고 알려져 있다. 이 프랑코 집권 시기 탄압은 학계와 문화 예술계 등 지식인 계층뿐만 아니라 바스크 지역과 카탈루냐 민족주의 세력 등 지방 운동 세력까지, 전 계층에 걸쳐서 무자비하게 이루어졌다. 이 시기에는 반인도적 범죄인 유아 유괴 및 매매까지도 광범위하게 이루어졌다.

프랑코가 1975년 사망함으로써 그의 오랜 독재가 끝이 났고, 이후 후안 카를로스 1세(Juan Carlos I)가 1975년 11월 22일 왕위에 오르며 왕정이 복고되고 입헌 군주제에 기반을 둔 민주주의가 시작되었다. 이후 민주화에 반대하는 쿠데타가 1981년 일어나기도 했지만, 이는 효과적으로 진압되었고 스페인 정치는 이내 안정을 찾게 되었다.

---

18) 본명이 좀 길다. Francisco Paulino Hermenegildo Teódulo Franco y Bahamonde(프란시스코 파울리노 에르메네힐도 테오둘로 프랑코 이 바아몬데).

오늘날 스페인은 따뜻한 기후 조건을 내세워 관광 대국으로서의 입지를 다지고 있다. 또한 전 세계에 걸쳐서 식민지를 건설했던 과거 덕분에 오늘날 무려 4억 명이 넘는 인구가 스페인어를 모국어로 사용하고 있다. 또한 남미에 넓은 식민지를 오래 운영한 탓에 그들의 문화에 큰 영향을 끼쳐서 오늘날 '히스패닉'[19] 문화로 불리는 남미의 문화를 탄생시켰다.

한국인이라면 누구나 부러워하는 스페인의 독특한 낮잠 문화, 시에스타(La Siesta) 역시 스페인의 전통 관습인데, 지나치게 높은 한낮의 기온 탓에 생긴 관습이다. 스페인은 이러한 낮잠 문화 탓에 저녁 문화가 아주 발달했는데, 이들은 주로 밤 9시 이후 저녁 식사를 하며, 이후 여흥을 즐기는 클럽 등 밤 문화가 아주 발달해 있다고 한다.

언어는 물론 스페인어(에스파냐어)가 공용어로 쓰이고, 지역에 따라서 지역 언어인 갈리시아어, 바스크어, 아란어, 카탈루냐어[20] 등이 사용되기도 한다.

흔히 스페인을 정열의 나라라고 부른다. 뜨겁게 타오르는 그들의 민족성과 플라멩코(flamenco)와 투우 등 사람의 심장을 뜨겁게 달구는 문화가 있기 때문이다. 하지만 내가 맞이한 스페인은 '열의 나라'였다. 천지

---

19) 히스패닉(Hispanic) 역시 '히스파니아(Hispānia)'에서 어원을 찾을 수 있는데, 이 단어는 이베리아 반도 거주민을 뜻하는 라틴어 '히스파니쿠스(Hispanicus)'에서 유래한다. 오늘날에는 주로 미국에 사는 라틴아메리카의 스페인어권 국가 출신 이주자와 그 후손을 가리키는 데 쓰이는데, 히스패닉은 인종이 아니라 사회문화를 기준으로 구분되므로, 다양한 인종의 히스패닉이 존재한다.

20) 스페인 북동부에 바르셀로나를 주도로 하는 카탈루냐 광역 자치주가 있다. 이 지역을 중심으로 쓰이는 언어인데, 나의 첫 스페인 도시인 Girona는 카탈루냐어로는 지로나라고 하지만, 스페인어로 하면 '헤로나(Gerona)'라고 한다.

사방 햇빛을 피할 그늘 하나 찾기가 힘들었고, 뜨거운 햇살 아래 나의 몸은 타들어가기 시작했다.

가도 가도 비슷한 풍경. 더위에 지친 내가 뜨거운 햇살을 피할 곳은 그 어디에도 보이지 않았다.

한참 시간이 지나 운 좋게 슈퍼마켓이 딸린 주유소를 찾아냈다. 그곳에서 사먹은 꿀맛 같은 아이스크림.

그렇게 큰 산을 넘고 뜨거운 들판을 지나 도착한 지로나. 지로나에 도착해서는 우선 쉬는 것이 급선무였다. 높은 산을 넘는 힘든 여정이었기 때문이었다. 그런데 이날 일은 뜻대로 되는 것이 없는 것이, 내가 도착한 6월 23일 밤부터 다음 날 24일까지 '성 요한 축일(Dia de Sant Joan)'이라고 하는 카탈루냐 지역의 큰 축제일이었기 때문에 숙소를 구하기가 너무 힘들었고, 그나마 있는 숙소도 평소 가격의 2배가 되어버린 것이었다. 그런 정보가 전혀 없던 나는, 거의 녹초가 되어 겨우겨우 비싸고 좁은 방을 얻어 들어갈 수 있었다.

이날 호텔방에 누워 있는데 밤새 폭죽소리가 요란하게 들렸다. 이날을 기념하기 위해 밤새 이렇게 폭죽을 쏘며 놀고 마신다고 했다. 하지만 피레네산맥을 넘느라 모든 힘을 다 쏟은 내 귀에는 그저 작은 소음에 불과했다. 그 소리를 들을 힘조차 남아 있지 않았기 때문이다. 스페인은 그렇게 요란하게 나의 입성을 축하해 주었다.

지로나에서는 밤새 쓰러져 잠드는 것 외에 아무것도 할 수 없었다. 다음 날도 엄청 긴 여행이 기다리고 있었기 때문에 나는 체력을 비축해야 했다. 다음 날 목적지는 바로 내가 그토록 가고 싶었던 곳, 바로 바르셀로나였기 때문이었다. 지로나에서 바르셀로나까지는 100km가 조금 넘는 거리. 조금은 힘겨울 수도 있는 다음 날 여행을 준비하며, 나는 꿈속에서도 페달을 굴렸다.

멀리 보이는 지로나 대성당. 독특한 외관이 나의 시선을 사로잡았으나, 너무 늦은 탓에 갈 수 없었다. 다음 날도 일정상 패스. 마음속에 담을 수밖에 없어서 너무 아쉬웠다.

지로나 시내를 관통하는 오냐강(Riu Onyar). 뒤쪽으로 사진 가운데 보이는 붉은 다리는 에펠탑을 만든 구스타프 에펠이 설계했다고 전해진다.

2.2. 꿈의 도시, 바르셀로나(Barcelona).

2016년 6월 24일(목).
일정 : 스페인 지로나(Girona) ~ 바르셀로나(Barcelona)
이동방법 : 자전거 / 이동거리 : 약 103km

이렇게 멋진 기념비를 종종 볼 수 있다는 것, 그리고 멋진 것이 보이면 마음대로 멈춰 서서 오래도록 바라볼 수 있다는 것. 그것은 홀로 자전거 여행을 하는 자만이 누릴 수 있는 특권이다.

전날 호텔 요금으로 너무 많은 돈을 지불해서였을까, 아니면 산 하나 넘었다고 너무 배가 고파서였을까. 이날 조식은 정말 끝도 없이 들어갔다. 몇 접시를 먹었는지도 모를 정도로 배가 터지도록 조식을 먹었다.

지로나여, 안녕. 나에게 넓은 마음으로 길을 내어준 피레네산맥과도 이별을 할 때가 다가왔다.

이날 길은 도로가 아주 잘 되어 있었다. 고속도로 옆 국도였는데, 시원시원하게 잘 뚫려 있어서 가는 길이 매우 순탄했다. 간판은 프랑스어에서 스페인어로 바뀌어 있었지만, 대부분 단순 지명이었기에 큰 어려움은 없었다.

지로나의 외곽도로를 따라서 달리는 길. 이날 길은 아주 좋았다.

순간 멈칫하게 만드는, 총 7개의 방향으로 뚫린 도로. 표지판과 지도를 얼마나 한참 동안이나 쳐다봤는지 모르겠다.

2. 스페인

그렇게 달리다 점심시간이 되어 어느 식당에 들렀다. 문을 연 식당을 찾는 것은 여전히 쉬운 일은 아니었는데, 어쩌다 들어간 식당은 프랑스에 비해서 확실히 물가가 착했다. 스페인에서는 주로 식당의 야외 테이블에서 식사를 했는데, 쏟아지는 햇살 아래 그늘에서 아름다운 풍경을 바라보며 먹는 밥은, 언제나 그렇듯 맛있었다.

이날의 점심. 완벽한 건강식이다.

점심을 먹으며 바라보았던 풍경. 나는 어느새 산 위에 올라와 있었다. 이제 어지간한 오르막은 느긋하게 올라가는 경지가 되었다. 구름 한 점 없는 맑은 날씨가 나를 반겨주고 있다.

이 마을에서 스페인의 '시에스타(Siesta)' 문화를 잠시 엿볼 수 있었다. 내가 식당에 도착한 것은 점심시간이 조금 지난 시간이었는데, 평범한 오후 시간임에도 불구하고 정말 거리에는 사람의 흔적을 찾아볼 수 없었다. 전날 아무리 그렇게 큰 축제를 한 후라 하더라도 이렇게 개미새끼 한 마리 없을 수가 없는데, 문을 연 상점 하나 찾아볼 수 없었고, 길을 걷는 사람 하나 보이지 않았다. 오직, 나 혼자뿐이었다.

모든 집들이 다 문을 닫고 있었다. 단 한 곳도 빼놓지 않고.

이곳 산중 도시 곳곳에 남아 있던 오랜 역사의 흔적들.

어쨌든 점심도 잘 먹었고, 그렇게 평범한 하루가 되나 싶었는데, 이번 여행 최대의 난관에 부딪히고 말았다. 자전거 타이어에 펑크가 난 것이다. 먼저 펑크가 난 것은 앞바퀴. 덕분에 자전거에서 내려 짐을 모두 내리고 멈춰 서서 가져온 수리도구를 이용해 펑크가 난 부분을 때우고 수리를 마쳤다. 스페인의 타는 열기 속에, 끓어오르는 화를 삭이며 겨우 수리를 마쳤는데, 멀쩡하던 바퀴가 펑크가 난 이유는 다름 아닌 가느다란 철사 조각 때문이었다. 돌아보니 도로 곳곳에는 언제 어떻게 뿌려졌는지 모를 철사 조각들이 곳곳에 뿌려져 있었다.

조심해야 했다. 또 멈춰 서서 이 고생을 하지 않으려면. 하지만 가느다란 철사 조각을 모두 피해간다는 것은 불가능했다. 이번에는 뒷바퀴. 역시나 가는 철사 조각이 박혀 있었고, 나는 자전거를 내팽개치다시피 세워놓고서는 분노의 샤우팅을 마음껏 질러댔다.

타는 듯한 열기 속에, 나는 발걸음을 멈출 수밖에 없었다. 다시 짐을 내리고, 수리 패치를 꺼내고, 자전거를 수리했다.

무참히 빠져버린 자전거 타이어 바람. 내 마음도 이 바퀴처럼 오그라들어버렸다.

혼자서 씩씩대며 타이어를 수리하고 있는데, 길을 가던 여러 사람들이 도움의 손길을 내밀어주었다. 어떤 사람은 아예 멈춰 서서 서툰 나 대신 본격적으로 수리를 해주었고, 어떤 사람은 시원한 물을 건네기도 했다. 또한 지나던 모든 이들이 한마디씩 응원을 해 주었다. 그랬다. 이 여행 길은 분명 혼자 떠난 길이었지만, 나는 항상 누군가의 도움을 받고 있었고, 함께하는 이들이 있었다. 그래서 외롭지 않고 힘을 낼 수 있었다.

　여러 친구들이 도와주었지만, 아쉽게도 한번 펑크가 난 바퀴는 계속해서 펑크가 났다. 철사 조각이 한두 군데 박힌 것이 아닌 모양이었다. 이젠 조금 막막해졌다. 이역만리 외딴 스페인 시골, 자전거 수리점은 고사하고 주변에 집 한 채 보이지 않았다. 시간은 흐르고 흘러 지나가는 자전거도 보이지 않았고, 급기야 히치하이킹[21]을 시도했는데, 커다란 자전거에 짐이 주렁주렁 달린 나를 태워줄 차가 지나가는 행운은 나타나지 않았다.

　그렇게 얼마나 시간이 흘렀을까, 조금씩 초조해지기 시작했다. 바르셀로나까지는 아직 한참이나 더 가야 했고, 무엇을 어떻게 해야 할지 막막해졌다. 그래서 도움을 받을 곳이 없을까 지도를 켰는데, 세상에나! 죽으라는 법은 없었다. 바로 근처에 기차역이 있는 것이 아닌가! 기찻길을 보지도 못했는데, 도로 저 위쪽에 분명 기차역 표시가 보였다. 첩첩산중 아무것도 없을 것 같은 도로에서 펑크가 났는데, 바로 근처에 마을이 있었고, 또 그 바로 근처에 기차역이 있던 것이었다. 더욱 놀라운 것은, 이 기차가 바르셀로나까지 운행을 한다는 것이었다. 그렇게 불운과 행운의 환장할 만한 콜라보 속에서 마지막으로 나에게 손을 내민 쪽은 행운의 여신이었고, 나는 안도의 한숨을 내쉬며 기차에 올랐다.

---

[21] 히치하이킹(hitchhiking). 여행 중 다른 이의 차를 얻어 타고 이동하는 것을 뜻하는데, 도로변에 서서 엄지손가락을 세운 채 도로 쪽으로 손짓을 하면 된다.

기차에 오르며 정말 얼마나 가슴을 쓸어내렸는지 모른다. 어쩌면 처음으로 노숙을 할지도 모를 절체절명의 위기 속에서, 정말 운 좋게도 나는 이날의 여행을 마무리할 수 있는 길을 찾아내고야 말았다.

그렇게 기차를 타고 우여곡절 끝에 바르셀로나에 도착했다. 바르셀로나에 도착해서 Host의 집까지는 펑크 난 자전거를 타고 최대한 살살 운행을 했다. 자전거 휠이 정말 튼튼하길 빌며.

그날 밤, 하루 동안 너무 많은 일들이 있었기에, 머리도 식히고 시원한 것도 마실 겸 Host와 함께 밤 문화 체험에 나섰다. 스페인의 낮이 적막강산이었다면, 이곳의 밤은 새로운 시작이었다. 이미 거리는 사람들로 꽉 차 있었는데 사람들이 계속해서 늘어났고, 술집 안에도 사람들로 꽉 차 있었는데 계속해서 사람들이 들어왔다. Host의 말로는 모두 관광객들이라는데, 도대체 이 도시를 찾는 관광객이 얼마나 되는 건지 짐작조차 되지 않았다.

술집 안에 정말 빼곡하게 사람들로 꽉 차 있었기에, 술집 2층 구석에 겨우 자리를 잡을 수 있었다. 나는 그곳에서 오직 이름만 보고 칵테일을 하나 주문했다.

나의 선택은 바르사 칵테일(Barca cocktail). 축구 팬이라면 혹할 만한 이름이었다.

메뉴 사진과 실물의 차이는, 한국과 이곳의 시차만큼이나 괴리가 컸다.

칵테일을 마시고 찾아간 곳은 골목 안쪽의 어느 클럽. 처음에는 사람들이 없었는데, 새벽 2시가 지나가자 사람들이 들어오더니 어느덧 가게 안은 문전성시를 이루었다. 정말 바르셀로나의 밤은 이제 본격적인 시작 같았다.

한편, 이 가게에서도 홀짝홀짝 마시던 나는 화장실을 찾아 나섰다. 이제 어지간한 나라에서 화장실은 혼자서 찾아갈 수 있었기에 나는 당당히 길을 나섰는데, 남자 화장실을 찾지 못하고 한참을 헤맸다. 아니, 화장실로 의심되는 곳은 찾았는데, 드나드는 사람 하나 없어서 어느 곳이 남자 화장실인지 알 수 없었고, 나는 어쩔 수 없이 Host에게로 돌아와서 남자 화장실이 어디냐고 물었다. 그러자 Host는 박장대소를 하며 나에게 남자 화장실을 알려주었다. 그곳에 적힌 글자는 'Homes'. '남자들'이라는 단어를 스페인어로는 'Hombres'라고 하고, 카탈루냐어로는 'Homes'라고 한다는 것을 나는 그때서야 알았고, 스페인에서 왠지 많이 써먹게 될 것 같아서 잊지 않기 위해 사진으로 남겼다. 카탈루냐어와 스페인어로 남자라는 단어는, 내가 온몸으로 기억하는 단어가 되었다.[22]

남자 화장실을 앞에 두고 남자 화장실을 못 알아봤던 나.
괜히 집 생각이 나는 것은 기분 탓이었을까.

그렇게 뜨거운 신고식을 마치고, 다음 날 본격적인 바르셀로나 투어에 나섰다. 제일 먼저 들른 곳은 스포츠 매장. 자전거 수리가 제일 큰 과제였기 때문이었다. Host의 조언대로 '데카트론(Decathlon)'이라고 하는

---

22) senor(아저씨), señorita(아가씨)라고 적혀만 있었어도 찾을 수 있었을 텐데, Homes는 정말 생각지도 못했다. 적어도 '남자', '여자'를 뜻하는 단어 정도는 익혀야 되겠다고 굳게 다짐하는 계기가 되었다.

상점에 들렀는데, 정말 거대한 이 스포츠 전문 매장은 온갖 스포츠 용품들을 팔고 있었다. 이곳에서 자전거 수리를 맡기고 매장 안을 구경했는데, 정말 엄청난 크기와 다양한 용품에 입이 다물어지지 않았다.

수리에 들어간 나의 애마 오골계.
이곳에서 종합 검진을 받은 나의 애마는 새로운 생명을 얻었다.

그런데 이 큰 매장에서도 없는 부품이 있는 모양이었다. 때문에 이곳 매장 직원이 나에게 다른 자전거 전문 용품점을 소개해줬는데, 때마침 그곳이 나의 목적지 중 한곳인 성가족 대성당(Sagrada Família) 근처여서, 그곳으로 이동해서 최종적으로 자전거 수리를 맡기고 점심을 먹으러 갔다. 자전거가 제 모습을 찾아가니 나의 마음도 한결 여유로워지는 듯했다.

공중에서 찍은 바르셀로나 사진을 본 적이 있다면, 이 도시가 얼마나 계획적으로 잘 만들어졌는지 알 수 있다. 바둑판처럼 잘 정돈된 바르셀로나의 도로는, 자전거로 여행하기에 정말 안성맞춤인 곳이었다.

우연히 마주친 멋진 건물. 그냥 지나칠 수 없어서 사진을 찍어 놓았다. 나중에 알아보니 이곳은 바르셀로나 투우 경기장(Plaça de Braus de la Monumental). 2012년부터 카탈루냐 지방에서는 투우금지법으로 인해 투우가 더 이상 열리지 않고 있다. 대신 이곳은 현재 박물관으로 운영되고 있다고 한다.

간단하게 밥을 먹고 자전거 수리까지 완료한 후, 드디어 성가족 대성당(사그라다 파밀리아 / La Sagrada Família)으로 향했다. 바르셀로나를 찾는 모든 관광객들이 꿈에도 그리는 바로 그곳, 안토니 가우디의 숨결이 남아 있는 그곳! 바로 내 눈앞에 그 거대하고 아름다우면서 빛나는 예술품인 그 건물이 위풍당당하게 서 있다니!

1883년 짓기 시작해서, 벌써 짓기 시작한 지 100년이 훌쩍 넘은 이 대성당은. 노후로 인한 보수 공사와 신축 공사가 동시에 행해지는 곳이기도 하다. 모든 공사비는 관광객들의 입장 티켓 및 후원금으로 충당되며, 매년 약 250만 명의 관광객이 이곳을 찾는다고 한다.이곳은 3개의 주 출입구인 파사드 중 예수 수난 파사드이다.

이 성당의 화려한 외관에 넋이 나가서 한참을 바라보던 나는 겨우 정신을 차리고 성당 안으로 들어가려 했는데, 티켓을 사야 된다고 했다. 지금까지 거의 모든 성당에 보물급 문화재는 제대 뒤쪽에 있는 경우가 많았고, 그곳을 둘러볼 경우 유료인 경우도 있었지만 대부분 성당 입장은 그냥 되었는데, 이곳은 입장하는 것 자체가 유료였다. 그래서 티켓을 사러 갔더니, 당일 티켓이 매진. 성당을 코앞에 두고도 못 들어가는 불상사가 발생하고 말았다. 물어보니 인터넷으로 다음 날 티켓을 미리 구매하던가, 다음 날 일찍 나와서 현장 구매를 해야 한다고 했다. 혹시나 하는 마음에 구엘 공원도 물어보니 그곳도 이곳과 마찬가지로 티켓을 예매해서 가야 했다.

성당 내부 구경은 아쉽지만 다음 날로 미룰 수밖에 없었다. 그래서 표를 끊지 않고도 들어갈 수 있는 지하 소성당으로 들어갔다. 예수 수난 파사드에서 왼쪽으로 가면 입구가 있는데, 이곳에서 생각지도 않은 소중한 것을 볼 수 있었다. 바로 이 대성당을 설계한 안토니 가우디[23]의 무덤이었다.

소성당이라고 해서 작고 아담하게 만든 곳이 아니었다. 지금껏 가보았던 그 어느 소성당보다 아름답고 화려해 보였다.

대성당의 완성 후 모습 조감도. 이 대성당은 현재 가우디 사망 100주년인 2026년 완공을 목표로 지어지고 있다.

가우디의 무덤. 성가족 대성당을 위해 헌신적인 삶을 살았던 가우디의 무덤에는, 가우디의 명복을 비는 라틴어로 된 헌사가 쓰여 있다.

23) 안토니 가우디(Antoni Placid Gaudí i Cornet. 1852~1926)는 스페인 카탈루냐 출신의 세계적인 건축가이다. 성가족 대성당뿐만 아니라 구엘 공원, 카사 바트요, 카사 밀라 등 수많은 명작들을 남겼다.

그렇게 성당 구경을 마친 나는 몬주익 언덕으로 향했다. '몬주익(Montjuïc)'이라는 명칭은 '유대인들의 산'이라는 뜻인데, 과거 이곳에 유대인들이 모여 살아서 이런 이름이 붙여졌다고 한다.

이곳은 우리나라 사람들에게는 영광의 장소로 기억되는 곳이다. 1992년, 바르셀로나 올림픽에서 한국인의 기상을 전 세계에 떨친 황영조 선수의 영광이 새겨진 바로 그 언덕이 이곳이기 때문이다. 마라톤 코스에서는 좀처럼 보기 힘든 엄청난 경사도 덕분에 마의 언덕이라고 불리던 이곳에서, 황영조 선수는 엄청난 힘을 발휘하며 이 언덕을 올랐고, 결국 1936년 손기정 선수 이후 56년 만에 올림픽 금메달을 획득했다. 바로 그 역사적인 장소를 방문하게 된 것이다.

그런데, 몬주익 언덕은 생각보다 훨씬 경사도가 심했다. 내가 가는 길이 이 길이 맞는 것인가, 과연 이곳을 자전거로 끝까지 오를 수 있을까, 사람이 정말 이곳을 뛰어서 올라가는 것이 가능할까 하는 생각이 들 정도로 경사도가 심했다. 자전거를 타고 올라가다가, 결국 내려서 끌고 올라갈 정도였으니 느껴지는 경사도는 더 심한 듯했다. 결국 언덕을 오른 후 체력이 바닥나서 여기저기 가보지는 못했고, 그냥 경치 구경을 하는 것만으로 만족할 수밖에 없었다.

몬주익 언덕으로 가는 길에 만난 거대한 탑. '콜럼버스 탑'이다. 이 기념탑에서 출발해서 카탈루냐 광장으로 가는 거리가 바르셀로나에서 가장 유명한 거리 중 하나인 '람블라스 거리(La Rambla)'이다.

몬주익 언덕에서 바라본 바르셀로나와 바닷가의 모습.

몬주익 언덕을 내려와 시내 관광을 계속했다. 이번에 만난 건물은 카사 바트요(Casa Batlló). 카사(Casa)는 스페인어로 '집'이라는 뜻인데, 즉, 카사 바트요는 '바트요의 집'이라는 뜻이 된다.[24] 조세프 바트요(Josep Batlló)와 그의 부인이 구입해서 가우디에게 재건축을 맡겼는데, 가우디는 이 건물을 완벽하게 리모델링해서 아름다운 곡선의 빌딩으로 재탄생시켰다고 한다.

그냥 대충 봐도 혁신적인 아름다움이 느껴지는 카사 바트요.
가우디는 이렇게 평범한 건물도 놀랍게 탈바꿈시키는 마법사 같은 사람이었다.

---

24) 모로코의 해안도시 카사블랑카(Casablanca)는 '하얀 집'이라는 뜻이다. 블랑카(blanca)는 스페인어로 흰색을 뜻한다. 블랑카와 같은 뜻의 프랑스어는 블랑(Blanc)인데, 프랑스 최고봉 몽블랑(Mont Blanc)은 프랑스어로 '흰 산'이라는 뜻이다. Mont는 프랑스어로 '산'이라는 뜻인데, 영어 Mountain과 이어진다. 이렇게 단어를 이어가다 보면 몰랐던 지명의 뜻도 쉽게 유추가 가능하다. 앞서 나온 몬주익(Montjuïc)도 산(montaña)과 유대인(judío)가 합쳐진 것이다.

이어서 만난 곳은 가우디의 또 다른 작품, 카사 밀라(Casa Milà)이다. 이 집은 페레 밀라(Pere Milà)라는 사람이 가우디에게 맡겨서 지은 건물이라고 하는데, 완공 후 모습이 마치 채석장 같다고 해서 라 페드레라(La Pedrera)라는 별칭이 붙었다고 한다.

카사 밀라의 모습. 그냥 멀리서 봐도 '아, 저건 가우디의 작품이구나' 하는 것이 느껴진다. 그만큼 독특하고 아름다우며 섬세하고 독창적이다.

다음으로 찾아간 곳은 사나이라면 누구나 꿈꾸는 그곳, FC 바르셀로나의 홈구장 '캄프 누(Camp Nou)'였다. 내가 도착한 6월 말은 통상 유럽 축구의 비시즌이기에 바르셀로나의 축구 경기를 직접 볼 기회는 없었지만, 경기장 주변에만 가도 뭔가 엄청난 함성이 느껴지는 듯했다.

바르셀로나의 홈구장 캄프 누의 외관.

바르셀로나의 유니폼. 카타르 항공과의 스폰서 계약은 2016-17시즌 종료되었으며, 일본 기업인 라쿠텐(Rakuten)이 2017-18시즌부터 4년간 새로운 메인 스폰서가 되었다.
리오넬 메시의 유니폼이 가장 인기 모델인데, 매장의 절반가량이 그의 유니폼으로 채워져 있었다.

캄프 누 구경 후 돌아가는 길, 대로변에 있는 멋진 건물들이 나의 라이딩을 더욱 즐겁게 해주었다. 수많은 색다른 빌딩들이 마치 자랑이라도 하듯 독특한 외관을 뽐내며 내 시선을 사로잡았다.

'Grupo planeta'라는 그룹의 본사 건물. 정말 획기적인 디자인의 건물이 아닐 수 없었다.
마치 건물 전체가 하나의 커다란 정원 같아 보였다.

바르셀로나에서의 첫째 날이 바르셀로나 둘러보기였다면, 둘째 날은 본격적인 바르셀로나 대탐험을 할 차례였다. Host의 도움으로 구엘 공원과 성가족 대성당의 입장권을 예매했는데, 티켓을 구하고 나니 마음이 한결 놓였다.

다음 날 먼저 찾아간 곳은 구엘 공원(Parc Güell)이었다. 구엘 공원의 입장은 30분 단위로 구분되어 자신이 원하는 시간을 선택해서 입장해야 했다. 때문에 시간에 맞춰서 가기 위해 자전거 페달을 밟기 시작했는데, 공원에 다다를 무렵 무지막지하게 펼쳐진 오르막에 나는 또다시 땀을 삐질삐질 흘리며 겨우 목적지에 도착할 수 있었다.

글로리스 타워(Torre Glòries). 아그바 타워(Torre Agbar)라는 이름의 건물이었으나, 2017년 이름이 바뀌었다. 프랑스 건축가 장 누벨(Jean Nouvel)이 몬세라트(Montserrat) 바위산을 모티브로 디자인했다고 한다. 내가 보기에는 꼭 총알을 닮은 것 같았다.

구엘 공원은 가우디의 오랜 후원자인 에우세비 구엘(Eusebi Güell)이 영국식 정원을 모델로 집들을 지어 분양하려 했으나, 자금 부족으로 완공되지 못한 곳을 바르셀로나 시에서 사들여, 1926년 공원으로 개장하게 되면서 일반에 공개된 곳이다. 1984년 유네스코 세계유산에 등재된 이곳은, 넓은 부지 곳곳에 남아 있는 가우디의 숨결을 느끼기 위해 관광객들의 발걸음이 끊이지 않는 곳이자, 바르셀로나를 한눈에 바라볼 수 있는 멋진 전망대이기도 하다.

입장을 기다리는 동안, 스페인의 뜨거운 햇살을 온몸으로 받아내었다. 길고 긴 대기 줄에는 그늘 한 점 마련되어 있지 않았는데, 곳곳에 얼음물을 파는 상인들이 있었고 많은 이들이 참지 못하고 물을 사서 마셨다. 스페인의 여름 햇살은 정말 따가웠다.

그렇게 입장한 구엘 공원은, 정말 사방 천지가 눈을 떼지 못할 정도로 멋진 경치의 연속이었다. 100년 전에 벌써 이런 디자인을 하고 또 만들다니, 가우디의 천재성에 감탄을 금치 않을 수 없었다.

나무와 돌기둥의 묘한 조화가, 내가 마치 다른 세계에 온 듯한 착각을 불러일으켰다.

공원에서 이동하는 터널의 내부. 옆쪽이 기둥으로 되어 트여 있는 열린 터널인데, 모든 부분이 부드러운 곡선으로 처리되어 있었다.

예사롭지 않은 기둥의 모습. 구엘 공원은 어느 한구석도 그냥 지나칠 수 없었다.

길의 끝에는 거대한 기둥들이 넓은 광장을 떠받치고 있었다. 평소 구엘은 그리스 로마 신전에 관심이 많았는데, 그런 구엘을 위해서 가우디는 이런 신전 형태의 건물을 지어주었다고 한다. 수많은 거대한 기둥들이 규칙적으로 배열되어 있는 모습은, 장관 그 자체였다.

가우디가 그리스 로마 신전을 좋아하는 구엘을 위해 만든 곳. 거대하면서도 아름다운 기둥이 빼곡히 늘어서 있다.

한 발만 물러서서 바라보면, 언덕 위 높게 세워진 거대한 신전이 더욱 위풍당당 멋있게 보인다.

'새를 정말 정교하게 표현하려 아예 박제를 갖다 놨구나' 생각했는데,
자세히 보니 그냥 새 한 마리가 물을 마시는 중이었다.

그 기둥 아래, 너무나도 유명한 모자이크 장식 타일로 꾸며진 도마뱀이 있었다. 그냥 단순한 장식품인 줄 알았는데, 입으로 물이 흐르고 있었다.

계단 옆 벽면도 온통 요란한 장식들로 가득 채워져 있다. 어느 한곳 소홀히 마감한 곳이 없었다.

위풍당당 멋진 도마뱀의 모습. 타일로 멋을 낸 이 도마뱀과 사진을 찍기 위해 긴 줄이 늘어서 있었다.

이 계단 아래는 구엘 공원 정문이다. 구엘 공원 정문 입구에는 두 채의 건물이 있는데, 원래 이 건물은 관리실과 경비들의 숙소로 이용할 계획이었다고 한다. 현재는 한쪽은 가우디 기념관으로, 다른 한쪽은 기념품 판매소로 이용되고 있다. 가우디 기념관으로 들어가는 문 앞에는 공원에 입장할 때만큼이나 긴 줄이 늘어서 있었다.

구엘 공원 정문을 지키고 있는 두 개의 건물. 이 건물들도 안쪽을 꼭 들어가 봐야 한다. 이 공원 자체가 높은 지대에 있기 때문에, 이곳에서 바라보는 경치는 정말 끝내줬다. 바르셀로나 도시 전체는 물론, 저 멀리 지중해 바다까지 한눈에 볼 수 있다.

기념품점에 있던 여러 기념품들. 구엘 공원 속에 남아 있는 여러 타일 문양이 새겨진 다양한 물품들이 판매되고 있었다.

공원 내 구경을 마치고 옆쪽 산책로도 잠시 걸었다. 구엘 공원은 원래 무료입장이었는데, 2013년도부터 유료 입장으로 바뀌었다고 한다. 하지만 건물들이 있는 부분을 중심으로만 유료일 뿐, 위쪽의 산책로 등은 무료로 자유롭게 이용할 수 있다. 구엘 공원을 제대로 보고 즐기기 위해서는 그래도 유료 입장이 필수인 듯 했다.

구엘 공원을 걷다 보면, 마치 동화의 세계에 잠시 들어온 듯한 느낌이 든다. 그렇게 시간 가는 줄 모르고, 나는 한참을 가우디의 세계 속에 빠져들어 있었다.

그렇게 가우디가 만든 환상의 세계에 빠져들었던 나는, 또 다른 환상의 세계로 발걸음을 옮겼다. 바로 성가족 대성당(사그라다 파밀리아 / (Basílica de la Sagrada Família)이 나의 다음 목적지였다.

이곳은 100년 전 공사가 시작되었는데, 아직도 신축공사가 진행 중이라서 수리와 건축이 함께 이루어지는, 가우디라는 거장의 마지막 혼이 불태워진 바르셀로나와 가우디의 심장이라 할 수 있는 성가족 대성당. 사실 내가 프랑스 남부지역을 돌아 이곳 바르셀로나까지 온 가장 큰 이유도 바로 이 성당을 보기 위함이었다.

바르셀로나 시가지의 공중 사진을 보면 대부분 사각형의 블록으로 구성되어 있는데, 한 블록 한 블록 크기가 제법 크기 때문에 그 안에는 몇 개의 건물들이 붙어 있는 경우가 대부분이다. 하지만 이 성당은 혼자서 커다란 사각형의 블록 전체를 사용하고 있다. 그만큼 크기도 엄청나다. 이 성당에 들어갈 때에도 역시 티켓이 필요한데, 이 수익금은 전액 성당의 건설비용으로 들어간다.

티켓은 위쪽 첨탑까지 올라가 볼 수 있는 티켓부터 성당 입장 기본 티켓까지 다양한 금액으로 구성되어 있으며, 각자 가보고 싶은 대로 티켓을 구매해서 들어가면 된다. 역시 입장 시간이 명시되어 있어서 여행 계획을 미리 잘 세워두어야 한다.

성가족 대성당은 건축가 가우디의 마지막 혼이 서린 곳이다. 가우디는 그의 스승 비야르(Francesco del Villar)에 이어 31세라는 젊은 나이에 성당 건설 일을 맡게 되었는데, 그는 성당의 초기 설계 디자인을 모두 폐기하고 자신의 건축 스타일대로 모든 것을 새로 시작하였다. 시간이 흐른 후 거처도 성당으로 옮겨서 아예 거기서 먹고 지내며 성전 건설에 매진했는데, 1926년 불의의 사고로 인해 사망할 때까지 오직 성당의 건축에만 매달렸으며, 사망 후에는 대성당 지하에 있는 작은 소성당에 모셔졌다.

성당의 입구는 3개의 파사드 중 유일하게 가우디 생전에 완공된 파사드인 '예수 탄생 파사드'이다. 유럽의 대성당에서 주로 볼 수 있는 고딕 양식의 대칭과 뾰족함에 익숙한 사람이라면, 분명 이 성당을 보고 엄청난 충격을 받을 것이다. 도대체 무슨 양식인지 정의를 내릴 수 없는, 벽면 자체가 하나의 거대한 조각품으로 사람들에게 감동을 주는 '가우디 양식'이라고 해야 할까, 어쨌든 이 입구 곳곳을 바라보는 것만으로도 한참의 시간을 보냈다.

예수 탄생 파사드 앞. 거대하고 화려한 이 벽면에, 사람들은 감탄사를 연발했다. 하지만, 이것은 겨우 시작에 불과했다.

그렇게 한참을 구경하다가 성당으로 입장하려는데, 이곳은 출입문마저 예사롭지 않았다. 보통의 성당은 출입문에는 별다른 장식이 없거나, 있더라도 매우 위엄 있는 장식으로 되어 있는 경우가 대부분이었는데, 이 성당의 출입문에는 '자연'이 장식되어 있었다.

수많은 나뭇잎과 다양한 곤충들. 가우디는 출입문에 자연을 심어 놓았다.
꾸밈없는 자연의 세계로 들어가는 문이라는 뜻일까?

한참의 시간이 흐른 후 드디어 성당 안으로 입장했다. 들어서자마자, 나는 왜 가우디가 빛의 마술사인지, 빛이라는 자연을 어떻게 예술로 승화시켰는지 한눈에 느낄 수 있었다. 그저 바라볼 뿐 다른 어떤 표현도 필요 없는 듯했다. 그렇게 한참의 시간을 우두커니 서서, 햇살과 가우디가 함께 만들어낸 빛의 세계로 빠져 들어갔다.

이 성당의 스테인드글라스는 색이 서로 부드럽게 이어지면서 조화를 이루고 있었다.
햇살과 색유리의 조화는 그 어느 조명 쇼보다 밝게 빛났다.

자연과 인간이 함께 만들어낸 화려한 조명쇼의 백미는
정면이 아니라 측면에서 봤을 때 더욱 두드러졌다.
'어쩜 이렇게 아름다울 수가!' 그냥 아무 생각도 들지 않았다.
그저 오래도록 넋을 놓고 바라볼 수밖에 없었다.

빛이 만들어낸 아름다운 쇼를 한참 구경하고 나서, 나는 찬찬히 성당을 둘러보기 시작했다. 유럽에 와서 지금껏 수많은 성당들을 봐왔지만, 이 성당은 기존의 모든 틀을 깨고 있었다. 가우디만의 방식으로, 가우디가

원하는 대로 만들어진, 가우디의 성당 그 자체였다. 아주 높고 거대했지만, 밝고 화려했다. 기둥들이 하늘 높이 쭉쭉 뻗어 있었지만, 모든 것이 각자 있는 것이 아니라 하나로 연결되어 있는 듯했다.

성당 뒤쪽에는 세계 각국의 언어로 쓰여진 주님의 기도가 있었다. 물론 그 가운데에는 한국어 기도문도 당당히 적혀 있었다.

첨탑으로 올라가는 계단. 천국으로 올라가는 계단같이 밝게 빛나고 있다.

성당 중앙부 천장의 모습. 성당에서 가장 새하얗게 빛나는 곳이 바로 이 부분이었다.

모든 기둥들은 이렇게 아래쪽에서는 거대한 하나의 기둥이었다가, 위로 올라가면서 여러 갈래로 갈라졌다. 그 도전적이면서도 독특한 디자인은 이 성당을 더욱 특별한 곳으로 만들어 주었다.

성당의 중앙 제대 부분. 아쉽게도 가림막으로 막혀 있어서 가까이 가서 볼 수는 없었다. 이곳은 과연 어떤 모습으로 완성될까? 감히 나는 상상도 되지 않았다.

다른 성당이었으면 평범할지도 모르는 성상과 장미창, 스테인드글라스도 이곳 성가족 대성당에서는 특별하게 느껴진다.

성가족 대성당은 아직 미완성이지만, 공사를 시작한 지 100년도 넘은 오랜 성당이기에 옛 이야기도 많이 갖고 있다. 미래의 완성을 향해 나아가는 과거의 유물들. 아직 완성되지도 않은 성당의 과거 유물이라니, 참 신기한 느낌이 들었다.

성당 내에 전시되어 있는 각종 옛 유물들.

성가족 대성당은 아직 완공되지는 않았지만, 이미 그 자체가 바르셀로나를 대표하는 상징이 되었다. 성당을 테마로 한 수많은 사진과 엽서들이 판매되고 있었다.

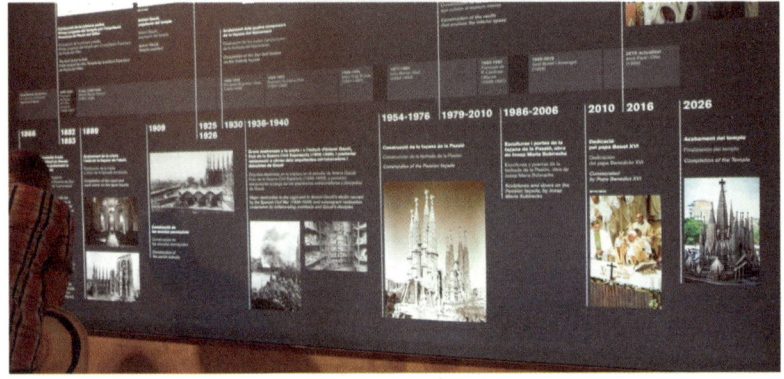

2026년. 이 성당의 건축 역사에 마지막으로 나와 있는 연도이다. 2026년 이후 바르셀로나를 꼭 다시 와야 하는 이유가 생긴 것이다.

　이렇게 가우디의 숨결이 살아 숨 쉬는 가장 대표적인 두 곳의 구경을 마쳤다. 하나하나 꼼꼼히 살펴보다 보니, 저녁이 되어서는 다리가 천근만근이었다. 하지만 마냥 집에서 쉴 수만은 없었다. 바르셀로나는 바닷가에 접한 도시. 지중해의 푸른 바닷물이 넘실대는, 길고 긴 수많은 백사장을 보유한 해안도시이기도 했다. 그 바다를 그냥 지나칠 수 없었기에, 나는 바르셀로나에서 머무는 내내 저녁에는 수영을 하러 바닷가로 나왔다. Host의 집이 바닷가와 가까운 것도 큰 행운이었다.

바르셀로나의 해변은 드넓었다. 뭔가 시끌벅적하고 복잡할 것 같았지만, 막상 가본 해변은 의외로 차분한 느낌이 들기도 했다. 관광객도 많았지만, 저녁 산책을 나온 가족들도 아주 많이 눈에 띄었다. 저녁 9시. 서서히 등 뒤로 넘어가는 해를 바라보며, 나는 해수욕을 즐겼다.

    늦게 지는 해처럼, 바르셀로나에서의 밤은 오래오래 계속되었다. 스페인에서의 하루는 아침에 한 번, 그리고 저녁에 한 번. 이렇게 두 번 시작되는 것 같았다. 바르셀로나의 밤은 끝이 아닌 또 다른 시작이다. 사람들이 가장 활발한 때이기도 했다. 거리의 식당은 자정이 지나가도록 사람들로 넘쳐흘렀다. 나 역시 바르셀로나에서의 마지막 밤을 아쉬워하며 맥주를 들이켰다.

    이날 밤, 성가족 대성당에서 보았던 빛의 향연이 잔상으로 남아 나의 꿈에 수놓아졌다. 꿈의 도시, 바르셀로나.

2.3. 높은 산, 맑은 하늘, 내리쬐는 태양. 스페인을 온몸으로 느끼며 가는 여행. 이구알라다(Igualada) 가는 길

2016년 6월 27일(월).
일정 : 스페인 바르셀로나(Barcelona) ~ 이구알라다(Igualada)
이동방법 : 자전거 / 이동거리 : 약 66km

목요일부터 일요일까지, 월요일 아침에 출발을 했으니 무려 4박 5일을 바르셀로나에서 머물렀다. 그렇게 오래 머무를 수밖에 없었던 것은, 바르셀로나가 나를 계속 붙잡았기 때문이었다. 얼마나 발걸음이 떨어지지 않았는지 모른다. 하지만 더 이상 지체할 수 없었다. 나는 깊은 아쉬움을 뒤로하고 길을 떠났다.

마지막으로 바르셀로나를 눈에 담고 싶어서 바다를 다시 찾았다. 이른 아침의 백사장은 정말로 고요했다.

잠시 후, 길을 나섰다. 바르셀로나도 출근하는 사람들로 조금씩 잠에서 깨어나고 있었다.

프랑스에서 스페인으로 넘어와서 가장 많이 달라진 점이라면, 평지보다는 산이 많아졌다는 점이었다. 프랑스에서는 작은 언덕도 잘 만나지 못한 때가 많았는데, 스페인에서는 허구한 날 올라가고 내려가기를 반복했다. 이젠 제법 자전거 타는 데 이력이 붙었구나 생각했는데, 스페인에서의 라이딩은 또 다른 인내의 시험장이었다.

예쁜 보라색 꽃을 피우고 있는 가로수. 우리나라도 도시마다 특징이 있듯이, 이곳도 도시마다 독특한 멋이 다 있다. 때문에 여행은 아무리 해도 지겹지가 않았다. 매번 다른 풍경을 선물해주기 때문이다.

그렇게 한참을 달리다 보니, 저 멀리 거대한 돌산이 눈에 띄었다. 너른 평야 넘어 우뚝 솟아 있는 돌산. 그 모습도 정말 특이하고 아름다웠지만, 멀리서도 느껴지는 엄청난 포스에 계속 시선을 빼앗겼다. 워낙 독특한 아름다움을 뽐내는지라 멈춰 서서 사진도 여러 장 찍었는데, 나중에 알고 보니 그 유명한 몬세라트 수도원(Monasterio de Montserrat)이 있는 몬세라트산이었다. 몬세라트 수도원은 베네딕토 수도회 수도원인데, 13세기 만들어진 세계 최초 소년 성가대이자 세계 3대 소년 합창단인 '에스콜라니아(Escolania)' 합창단을 만나볼 수 있고, 카탈루냐의 수호성인인 '검은 성모상'이 있는 곳이기도 하다. 합창단은 토요일을 제외하고는 매일 2회 공연을 한다고 한다.

그렇게 몬세라트산은 멀리서 바라볼 수밖에 없었다. 너무나도 끌리는 풍경이었지만, 갑자기 목적지를 변경해서 가기에는 너무 멀고, 또 높아 보였다.

멀리 보이는 바위산이 바로 몬세라트산이다. 저 산 뒤쪽 어디엔가 몬세라트 수도원이 있다.

너무나도 독특한 모습에 한참을 구경했다. 줌으로도 당겨서 보았는데, 정말 척박해 보이는 돌산이었다.

이날은 끝없이 펼쳐진 길고 긴 길 위에서 외로운 사투의 연속이었다. 이날 계속해서 산을 오르락내리락하며 힘든 라이딩을 펼쳐 나갔는데, 남부 스페인은 무척이나 무더웠고 그늘을 찾기가 힘들었기에, 그늘이 보이면 축 늘어져서 쉬기를 반복했다.

물을 확보하는 것도 중요했다. 물통을 2~3개 정도 가득 채워서 갖고 다녔는데, 정오쯤 되면 물통의 물이 이미 뜨겁게 덥혀져 있기 일쑤였다. 뜨거운 햇살 아래 체온은 쑥쑥 올라갔고, 거기다 뜨거운 물을 마시려니 정말 죽을 맛이었다. 하지만 슈퍼마켓을 찾기가 쉽지 않았기에 그거라도 어떻게든 마셔야 했다.

얼마나 많은 산을 오르내렸는지 모른다. 내리쬐는 햇살 아래, 나 홀로 달리는 그 기분은 정말 뭐라 설명하기 힘든 그런 느낌이다.

한참 후에야 나타난 어느 마을. 정말 다행히도 수돗가가 있었기에 시원한 물을 얻을 수 있었다.

이런 그늘이 보이면 한참을 쉬곤 했다. 스페인의 햇살은 이글이글 불타올랐다.

어쩌다 마주친 마을은 정말 이상하리만치 조용했다. 사람이 살지 않는 마을인지, 아니면 단체로 어디를 간 것인지. 거리를 지나는 차도 진짜 한 대도 없었고, 거리에는 그 어떤 소음도 들리지 않았다. 정말 아주 조금 과장해서 나의 숨소리 외에는 그 어느 소리도 들리지 않았다.

그랬다. 바로 시에스타의 위력이었다. 관광객을 제외하고는 모두를 잠재워버린다는 스페인 시에스타의 위력. 바르셀로나는 세계적인 관광 도시이기에 시에스타 시간에도 돌아다니는 사람들이 꽤 있었는데, 이런 산골 마을에는 정말 시에스타가 '철저히' 지켜지고 있는 것 같았다. 저렇게 제법 큰 산골 마을에서 돌아다니는 사람을 한 명도 보지 못했으니 말이다. 오직 나 하나만 돌아다니고 있었다.

고요히 잠든 스페인의 마을. 이 마을에서 움직이는 사람은 오직 나 한 명인 듯했다.

그렇게 외로운 라이딩 끝에 나는 목적지 이구알라다(Igualada)에 도착할 수 있었다. 바르셀로나에서 약 65km 정도 떨어진 곳에 있는 이 작은 도시는, 11세기 경 조성된 좁은 구시가지와 넓고 현대적인 신시가지로 이뤄져 있다.

시가지는 언덕에 있어서 그런지, 가는 길에 수많은 계단들이 있었다. 때문에 자전거로 다니려면 길을 돌아가거나 내려서 끌고 가야 했다.

거대한 말 모양 조형물. 뜬금없었지만 멋있었다.

이날은 호텔에서 묵었는데, 숙소에 짐을 갖다놓고 동네 구경도 할 겸 저녁도 먹을 겸 해서 시내로 나왔다. 시내를 둘러보다 들어간 곳은 골목에 있던 어느 성당. 작은 성당이었는데, 밋밋한 외관과는 달리 내부는 그 어느 성당보다도 화려하고 예쁘게 꾸며져 있었다.

스페인 성당의 특징은 너무나도 화려한 중앙 제대였다. 수많은 성상들이 배치된 제대는 어디서나 나의 시선을 사로잡았다.

소소한 지하 경당. 이곳은 화려한 성당 내부와는 달리 모든 장식이 배제된 단순미를 뽐냈다.

성당 곳곳에 배치된 성상과 조각상, 그림들. 내가 어느 도시를 가더라도 성당을 구경하러 들어가는 이유가 바로 여기 있다.

성당 벽면은 그 어느 장식도 모양도 없었다. 창도 굉장히 작고 좁았다. 스페인의 타는 열기를 막기 위한 조치였을 것이다.

굉장히 특이했던 형태의 가고일. 사람 얼굴 형상을 한 조각이 긴 파이프를 입에 물고 있었다.

겉으로 봐서는 도저히 성당처럼 보이지 않는 이곳을 다른 건물과 구분 짓는 단 하나, 바로 지붕에 달린 가고일들이었다.

슬슬 저녁을 먹으러 식당에 들어갔다. 이날은 다름 아닌 이탈리아와 스페인의 유로 2016 16강전이 열리는 날이었다. 작은 도시라 그런지 거리 응원은 없는 듯 했고, 식당에서 사람들과 함께 축구 구경을 했는데, 아쉽게도 스페인은 2:0으로 이탈리아에 완패하고 말았다. 한 무리의 학생들이 축구를 보다가 패색이 짙어지자 뒤도 돌아보지 않고 나왔고, 나 역시 혼자만의 구경을 마치고 식당을 나섰다.

이겼으면 여기저기 흥겨운 파티가 열렸을 텐데, 아쉽게도 이날 저녁은 그렇게 마무리되어 버렸다.

이구알라다의 거리는 대체로 한산한 모습이었다. 좁은 골목이 구시가지 곳곳을 잇고 있었는데, 해가 뉘엿뉘엿 지고 나서야 사람들이 하나둘 거리로 나오기 시작했다.

호텔방에서 바라본 이구알라다의 석양.
하늘의 붉은 석양은, 스페인에서 본격적인 저녁 활동이 시작된다는 신호이다.

2.4. 친구들과 함께 젊은 추억을 만들기, 예이다(Llerida)

2016년 6월 28일(화).
일정 : 스페인 이구알라다(Igualada) ~ 예이다(Llerida)
이동방법 : 자전거 / 이동거리 : 약 96km

자전거 여행을 하며 여러 형태의 숙소에서 묵어보았다. 주로 묵었던 곳은 현지인들의 집이었고, 가끔 호텔에서 묵었다. 호텔과 현지인의 집에서 묵는 것은 각각 장단점이 뚜렷했는데, 현지인 집에서 묵는 것은 일정을 집 주인에게 맞춰야 한다는 단점이 있었고, 호텔의 단점은 주말이나 연휴에 잘못 걸리면 엄청난 숙박비가 나온다는 점과 눈치 볼 것이 없기 때문에 다음 날 정말 일어나기 싫다는 점이었다. 대신 현지인들의 집에 묵으면 쉽게 해보지 못할 다양한 체험을 할 수 있었고, 때로는 뜻하지 않은 만찬에 초대되기도 했다. 호텔에서 묵으면 정말 누구의 눈치도 보지 않고 온전히 쉴 수 있었다. 나의 여행이 끝이 없는 여행이라면 며칠이고 묵으며 천천히 그 도시를 탐험했을 것이다. 하지만 나의 여행은 90일이라는 시간적 제약이 있었고, 이 일정을 맞추기 위해서는 꼭 일어나야 했다.

스페인 남부의 공기는 건조했다. 밤 동안 식은 공기는 아주 빠르게 달아올랐고, 메마른 토지는 태양빛을 모조리 흡수하는 듯했다.

스페인의 들녘. 크고 높은 나무는 거의 없었고, 작은 나무들이 듬성듬성 보였다.

작은 언덕은 수풀이 듬성듬성 나 있었다. 푸르렀던 프랑스와는 달리 흙이 드러난 곳이 많아보였다.

뒷배경이 예뻐 보여 찍은 사진. 스페인은 태양이 너무 강렬해서, 그늘이 있는 곳이면 잠시 쉬어가야 했다.

    프랑스보다 물가도 좀 저렴한 것 같아서 스페인에서는 엄청나게 잘 사먹었다. 날씨가 너무 더워서 빵이나 초콜릿, 음료 등 음식물을 가방에 넣어 다니는 것이 어려워진 점도 점심때 식당을 찾은 이유 중 하나였다. 다만 문제는 식당을 찾기가 힘들다는 점. 스페인은 인구가 우리보다 약간 적은 수준이지만, 면적은 우리나라의 5배, 한반도 전체의 2.3배나 되는 넓은 면적을 가진 곳이었기에 인구 밀도가 그만큼 낮았고, 그만큼 마을이 듬성듬성 있었다. 또 하나의 문제는 시에스타. 밥때를 놓치면 그날은 굶는 수밖에 없었다.

    이날도 한참 달리다가 점심시간이 되었고, 식당을 찾아 하염없이 달리다가 운 좋게 길가에 있는 식당을 찾게 되었다. 간판도 낡고 건물도 아주 허름한 곳이었는데, 신기한 게 내부는 또 잘 정비되어 있었다.

저 허름한 건물의 1층이 식당이었다. 제대로 된 간판도 없어서 식당을 앞에 두고 한참을 찾았었다.

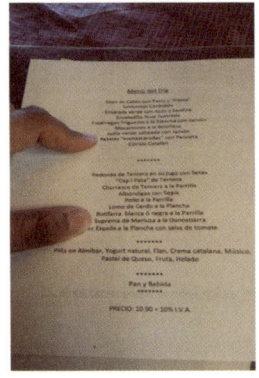  

점심 코스 메뉴판. 저 중에 하 나씩 고르면 되는데, 무엇을 먹 든지 가격은 10.9€(약 14,500 원)에 부가세 10% 추가였다.

사진은 좀 잘 안 나왔는데, 맛은 아주 만족할 만한 수준이었다. 아주 든든히 속을 채워주는 메뉴였다.

    스페인에서의 점심 식사는 보통 단품 메뉴보다는 코스 요리로 먹게 된다. 점심 식사 시간 일반 식당에서는 보통 Menu Del Dia(메뉴 델 디아, 오늘의 메뉴라는 뜻)라고 하는 메뉴판을 내놓는데, 이것은 레스토랑에서 제공하는 빵, Primero(쁘리메로), Segundo(쎄군도), Postre(뽀스트레), 음료수로 구성된다. 가격도 10유로 전후로 책정되어 있어서 현지인과 관광객 모두에게 가성비 좋은 알찬 식단이라고 할 수 있다.

    메뉴 구성은 먼저 샐러드나 수프를 먹는 Primero, 육류나 생선 혹은 쌀이 들어간 빠에야를 먹는 Segundo, 과일이나 케이크 등의 디저트류를 차와 커피와 곁들이는 Postre의 순서로 먹게 된다. 저렴한 가격에 다양한 메뉴와 음료까지. 스페인을 사랑할 수밖에 없는 이유가 하나 더 생겨버린 것이다.

나도 스페인 사람들을 따라 점심을 되도록 천천히 먹었다. 맥주 또는 와인을 한잔 곁들여서. 스페인이라는 나라에 가장 많이 빠져들었던 시간이 바로 이 식사 시간이 아니었나 싶다. 단지 저렴한 가격과 다양한 메뉴 때문에 빠져든 것은 아니었다.

스페인 사람들에게 식사 시간은 단순히 허기를 채우는 것 그 이상의 의미가 있었다. 우리네 평범한 직장인들에게 점심시간이란 일하는 중간 허기를 채우기 위해 정해진 시간 내에 음식을 먹는 시간이라면, 스페인에서의 점심시간은 동료들과 이야기를 나누며 다양한 요리를 배부르게 맛보고, 이후 낮잠을 통해 오후에 일할 힘을 보충하는 시간이었다. 그래서 그런지 점심시간에 식당에서 만나는 스페인 사람들은 어딘가 모르게 여유가 흘러 넘쳐 보였다.

하지만 나는 점심 식사를 마치고 다시 달려야 했다. 그날의 정해진 거리가 있었고, 해가 지기 전에 도착하기 위해서는 시간을 지체할 수 없었다. 사실, 식사 후 낮잠을 자며 쉴 만한 공간이 없기도 했지만 말이다.

길 중간에 만난 도시. 높은 언덕 위에 있는 작은 도시였다. 스페인 여행은 정말 끝없는 언덕의 연속이었다.

스페인의 황금 들녘. 스페인의 들녘을 보고 있자니 가운데가 노란 스페인 국기가 절로 떠올랐다.

이 도시에 도착했던 시간이 몇 시였는지는 정확히 기억나지 않지만, 시에스타 시간임에 분명했다. 마치 빈 도시처럼 모든 상점들의 문은 닫혀 있었고, 거리에는 사람이 한 명도 보이지 않았다.

그렇게 길고 긴 라이딩 끝에 목적지 예이다(Lleida)[25]에 도착했다. 세그레강(Rio Segre)이 흐르는 이 도시는, 오랜 성당과 강변을 따라 건설된 드넓은 잔디밭과 높은 아파트가 인상적인 곳이었다.

강변을 따라 조성되어 있는 드넓은 잔디밭. 무슨 이유로 이렇게 넓은 잔디밭이 조성되었는지 정말 궁금했다. 정말 엄청나게 길고 넓었다.

---

25) 카탈루냐어로는 예이다(Lleida)라고 하지만, 스페인어로는 레리다(Lérida)라고 한다.

강변에 늘어선 멋진 건물들. 저 언덕 높이 대성당이 도시를 지켜보고 있다.

이날 저녁, Host와 함께 밖으로 나갔다. 예이다에는 대학교가 있었는데, 때마침 방학이 막 시작될 때라서 Host의 친구와 친구의 친구까지 아주 많은 친구들이 모였다. 이 많은 친구들과 함께 밥을 먹으러 갔는데, 특징적인 것이라면 바로 철저한 더치페이 문화였다. 내가 먹고 싶은 것을 먹을 만큼만 딱 시키면 되었다. 양도 보통 1인분 정도만 딱 나왔다. 나는 맥주와 하몽[26], 햄버거(빵에 소시지 끼워진 것이 다였지만)를

맥주 한 잔과 소시지, 그리고 하몽. 저렴한 가격에 즐기는 스페인의 특별식이었다.

식사 후 대성당으로 가는 길에 마주친 아름다운 꽃나무. 영화 아바타에 나오는 꽃처럼 날아갈 것 같이 하늘하늘거렸다.

---

26) 하몽(jamón)은 소금에 절여 건조한 돼지고기 다리 요리인데, 마트에서는 다리를 통째로 팔기도 하며, 식당에서는 얇게 썰어져 나온다. 따로 익혀 먹는 것이 아니라 절여진 고기를 날것 그대로 먹는데, 우리가 젓갈을 날로 먹는 것과 비슷하게 느껴졌다.

시켰는데, 짭쪼름한 하몽에는 역시 맥주 한잔이 딱이었다.

저녁 식사 후 친구들과 함께 예이다의 대성당으로 올라갔다. 이 대성당의 이름은 세우벨라의 성모 마리아 대성당(Catedral de Santa Maria de la Seu Vella). 이 대성당은 1203년 건설이 시작되어 1278년 봉헌된, 오랜 역사를 가진 성당이다. 군사적 요충지에 지어진 탓에 한때 요새로 쓰이기도 했으나, 이후 1918년 국립 기념물로 지정되어, 1950년부터 복원되기 시작했고 오늘날의 모습을 갖추게 되었다고 한다.

황금빛 조명을 받아 밝게 빛나는 대성당.

이 성당은 성당 자체가 조명을 받아 밝게 빛났는데, 이곳에서 바라보는 예이다의 야경 또한 엄청났다. 친구들이 이곳에 나를 데려간 이유는 멋진 야경을 즐길 수 있는 기가 막힌 전망의 카페 때문이었다. 이 카페에서 친구들과 함께 즐겁게 대화를 나누며 오랜 시간 스페인의 밤을 만끽할 수 있었다.

그렇게 또 한 번 즐거운 추억을 쌓은 나는, 다음 날 아침 도시를 떠나기 전 이 성당에 다시 들렀다. 성당에서 내려다 본 도시의 멋진 모습을 카메라에 담기 위해서였다.

얼마나 많은 산을 오르내렸는지 모른다. 내리쬐는 햇살 아래, 나 홀로 달리는 그 기분은 정말 뭐라 설명하기 힘든 그런 느낌이다.

한참 후에야 나타난 어느 마을. 정말 다행히도 수돗가가 있었기에 시원한 물을 얻을 수 있었다.

이런 그늘이 보이면 한참을 쉬곤 했다. 스페인의 햇살은 이글이글 불타올랐다.

어제 왔던 그 성당이 맞나 싶을 정도로 아침에 다시 와본 이곳은 세월의 흔적이 고스란히 느껴졌다.

같은 장소인데도 이곳의 낮과 밤은 빛과 어둠 만큼이나 극명하게 다른 모습이었다.

예이다 시의 전경. 도심 한가운데를 흐르는 강과 그 옆의 넓은 잔디밭이 눈에 띈다. 왜 이곳이 군사 요새로 쓰였는지 올라와 보면 단번에 알 수 있다.

2. 스페인 283

성당의 전체 모습.

성당 앞 전망 좋은 곳에 위치한 카페. 여긴 정말 밤에 와야 기가 막힌 곳이다.

예이다의 멋진 풍경을 눈에 담고, 나는 다음 도시로 향했다.

2.5. 부자랄로스(Bujaraloz), 힘들 땐 한 번씩 쉬어가는 것도 좋아

2016년 6월 29일(수).
일정 : 스페인 예이다(Llerida) ~ 부자랄로스(Bujaraloz)
이동방법 : 자전거 / 이동거리 : 약 73km

이날은 오랜만에 하늘에 구름이 잔뜩 껴 있었다. 그동안 햇살이 너무 강했기에, 구름이 너무나도 반갑게 느껴졌다. 하지만, 이 먹구름은 이날 나의 고행길을 암시해주는 전조였다.

이날 오전에 달린 길은 그저 그런 길이었다. 적당히 오르막이 있었고, 또 그만큼 내리막도 있었다. 평범한 길이 이어졌고, 어느 작은 마을에서는 멋진 식당을 찾아서 들어가게 되었다. 정말 운이 좋게도 딱 밥을 먹는 동안, 소나기가 잠시 내렸다.

어느 작은 마을에서 찾은 '티 Toll(엘 톨)'이라는 이름의 식당. 조금 늦은 시간에 가서 그런지 손님이 한 명도 없었다. 조금만 더 늦었으면 밥을 먹지 못할 뻔했다.

이곳에서도 역시 코스요리. 메인 요리들도 맛있었지만, 후식으로 나온 푸딩이 정말 일품이었다.

그런데 이날의 진짜 라이딩은 점심 식사 후 시작되었다. 갑자기 오르막이 끝없이 이어지는 것이 아닌가! 자전거를 집어 던지고 싶은 충동을 느낀 것도 여러 번, 결국 힘에 부쳐서 자전거에서 내려 끌고 올라가기도 했다. 차들이 쌩쌩 달리는 도로변이라 자전거를 세워놓고 쉴 수도 없었고, 또 쉴 공간도 없어서 그저 올라갈 수밖에 없었다.

'이 오르막이 끝나기는 하는 걸까' 이런 생각을 하며 한 걸음 한 걸음 얼마나 올라갔을까. 결국 오르막은 끝났고 신나는 내리막 시간이 다가왔다.

정말 끝도 없는 오르막이 몇 개나 있었다. 사방은 막혀 있고, 쉴 곳은 보이지 않고…. 정말 이번 여행 사상 최고로 손꼽히는 힘든 날이었다.

너른 들판 한가운데를 외로이 달리다 보면 별별 생각을 다 하게 된다. 온갖 생각들을 하다가도, 멋진 풍경을 바라보면 바로 감상에 젖는다.

6월 말에 벌써 추수가 끝난 들판. 한 이모작쯤 하는 모양이다.

사실 이날 몸 상태가 아주 좋지 않았다. 점심 식사 이후 오르막을 달리면서부터 급격하게 안 좋아지기 시작했다. 뜨거운 햇살 아래 달리다 보니 아마 더위를 먹은 모양이었다. 그래서 중간에 호텔이 보이면 그냥 아무 데나 들어가서 쉬려고 했는데 그 어디에도 쉴 곳은 보이지 않았다. 가는 길 중간에 호텔이 두어 개 보이긴 했지만, 모두 건물만 덩그러니 있고 휴업 상태였다.

결국 나는 지친 몸을 이끌고 이날의 원래 목적지였던 부자랄로스(Bujaraloz)까지 오고 말았다. 부자랄로스(Bujaraloz)는 스페인 아라곤(Aragón) 지방[27] 사라고사(Zaragoza) 주에 있으며, 인구 1,000명 남짓의 작은 도시인데, 이곳에 도착해서 또 호텔을 찾느라 한참을 헤맸다. 도대체가 호텔이 보이지가 않는 것이었다. 결국 너무 쉬고 싶어서 현지 주민에게 도움을 요청했고, 겨우 지역 주민분의 도움을 받아서 어느 호텔에 들어갔는데, 때마침 그날은 방이 모두 들어차서 빈 방이 없다

---

27) 스페인은 총 17개의 자치 지방(comunidad autónoma)이 있고, 이 자치 지방이 다시 몇 개의 주(provincias)로 나뉜다. 아라곤은 우에스카 주, 테루엘 주, 사라고사 주로 다시 나뉘는데, 아라곤 전체의 중심도시는 사라고사이다.

는 청천벽력 같은 말을 들었다. 하지만 하늘이 무너져도 솟아날 구멍은 있다고, 그 호텔의 주인이 나를 다른 호텔로 안내해 주었다. 그렇게 대로변의 어느 호텔로 들어가서 체크인을 하고 그대로 방에 들어가서 쓰러져 버렸다.

  이날 숙소에 들어서자마자 쓰러져서 일찍 잠이 들어버렸다. 정말 푹 자고 일어난 다음 날 아침, 더 이상 누워 있으면 허리가 더 쑤실 것 같아서 일어났다. 체감상 점심때까지 잔 것 같았는데 시간은 이제 겨우 아침 9시였다. 이동할까 쉴까 잠깐 고민했는데, 이날 하루는 푹 쉬면서 체력을 보충하기로 결정했다.

  이 도시는 워낙 작은 곳이라 금방 동네 한 바퀴 구경을 마칠 수 있었다. 자전거로 둘러보니 순식간이었다.

이 마을의 관광 안내 표지판. 모두 다 옹기종기 모여 있었다.

겉은 멀쩡한데 속은 공사 중이었던 성당.

강렬한 햇살을 피하기 위해, 한낮의 스페인에서는 보통 창문 모두 닫혀 있었다. 우리나라처럼 유리창이 아니라 나무판으로 된 창문이었기에, 창문을 닫으면 안쪽은 햇빛이 100% 차단되었다.

이 세 곳 모두 관광 안내도에 나온 곳이라 들러 보았다. 그다지 특별한 것은 보이지 않았고, 이 곳을 찾는 이들은 더더욱 보이지 않았다. 아마 내가 이날 이곳 모두를 '관광' 목적으로 찾은 유일한 외지인이었을 것이다.

이 마을에서 가장 넓었던 광장.
아무런 꾸밈이 없는 소박한 모습이 이 마을을 쏙 빼닮은 것 같았다.

시청(우리로 치면 읍·면·동사무소 정도 되는 듯했다)에도 한번 가 보았다. 역시나 특별히 볼 것은 없었지만, 벽에 걸린 현판들이 매력적이어서 몇 장 찍어보았다. 아라곤(Aragon)이라는 지명은 영화 반지의 제왕 덕분에 너무나도 나에게 친숙한 이름이었고, 별다른 꾸밈이 소박한 도시의 지도 또한 이 도시를 너무나도 잘 설명해 주는 것 같아서 마음에 들었으며, 마지막으로 갑자기 등장한 세계 지도는 해양 강국 스페인의 영광을 보여주는 것 같아 마음에 들었다.

이 도시에 머무르면서 묵었던 숙소는 운전자들을 위한 휴게소를 함께 운영하는 곳이었는데, 숙박비도 굉장히 저렴했을 뿐만 아니라 에어컨도 정말 빵빵하게 나와서 더위를 먹고 지쳐 쓰러진 나에게는 정말 안성맞춤인 곳이었다. 이 숙소의 하이라이트는 바로 식당. 저렴하면서도 엄청나게 화려한 뷔페 식당이 1층에 있었는데, 정말 여기서 아침, 점심, 저녁 3끼를 미친 듯이 흡입했다. 체력 보충을 위해서 정말 먹고 자고 쉬고 먹고 자고 쉬고를 하루 종일 반복했다.

내가 묵었던 호텔의 전경.
식당의 이름은 'Restaurante Buffet El Español(에스파냐(스페인)식 뷔페 레스토랑)'이다. 이름부터가 뭔가 굉장히 믿음이 간다.

음식 사진은 찍을 생각도 하지 못했다. 먹는 데 너무 열중했었나 보다.
이 카운터 사진이 거의 유일한 내부 사진이다.

이런 음식들을 한 끼에 4~5접시씩 먹어치웠다. 물론 와인, 맥주도 함께. 정말 쉬지 않고 먹고 마셨으며, 또 신기하게 그게 다 들어갔다.

그렇게 하루 종일 마음 편히 쉬니까 몸이 회복되는 것이 느껴졌다. 다시 뜨거운 스페인의 거리로 나갈 몸과 마음의 준비가 다 끝났다.

2.6. 아라곤 왕국의 수도 사라고사(Zaragoza), 황야를 뚫고 달리다

2016년 7월 1일(금).

일정 : 스페인 부자랄로스(Bujaraloz) ~ 사라고사(Zaragoza)

이동방법 : 자전거 / 이동거리 : 약 72km

믿어지지 않지만 벌써 여행 후 세 번째 달인 7월이었다. 4월 중순에 시작한 나의 유럽 대장정도 어느덧 막바지에 다다르고 있었다.

전날 하루 종일 푹 쉬면서 실컷 먹고 자고 해서일까, 이날은 그 어느 때보다도 몸이 가볍고 상쾌했다. 그렇게 나의 7월은 상큼하게 시작되었다.

이날은 사라고사로 가는 날. 대도시로 가는 길인 만큼 도로에는 차들이 부쩍 많아졌다. 특히 대형 트럭들이 많아서 좀 고생을 했다.

끝없이 이어진 길을, 그렇게 나는 또 달리고 달렸다.

한쪽에는 추수가 끝난 들판이, 다른 한쪽은 아직 경작 전인 밭인지 아니면 그냥 공터인지 모를 드넓은 땅이 도로를 사이에 두고 펼쳐져 있었다.

찍으면 정말 멋진 사진이 나올 것 같아서 자전거를 모델로 한번 사진을 찍어 보았다. 마치 어느 사막 한가운데를 나 홀로 외로이 달리는 느낌이었다.

이날 달렸던 길은 대형차들이 너무 많이 다녀서 달리다가 경로를 변경해서 아래쪽 더 작은 국도로 방향을 틀었다. 그렇게 아래로 내려와서 한참을 달리는데,

갑자기, 무엇을 광고하는 것인지는 모르겠으나 아주 인상 깊었던 초대형 황소 입간판.

갑자기 주변 환경이 극적으로 변하기 시작했다. 하루 종일 이어지던 황량한 벌판은 사라지고 갑자기 수풀들이 나타나기 시작했다. 근처에 강이 있는 것이 분명했다. 그렇지 않고서는 이런 초목들이 갑자기 나타날 리가 없었다. 공기마저 촉촉한 느낌이 들었다. 풀 한 포기, 나무 한 그루가 모여 펼쳐진 푸른 들판은 상쾌한 공기를 쉼 없이 내뿜었다. 나는 오랜만에 느끼는 촉촉함을 온몸으로 들이마시기 시작했다.

스페인에서 쉽게 보지 못한 경관이어서 혹시나 했는데 역시나 자연 보호구역인 듯 했다.

황량한 벌판에서 갑자기 이런 수풀지대가 나오니 신기하게 느껴지면서도, 아까보다는 훨씬 정감이 가는 풍경이란 생각이 들었다. 나에게는 이런 풍경이 훨씬 더 익숙하기 때문이다.

수풀지대를 지난 지 얼마 안 되어 사라고사에 도착했다. 사라고사는 스페인 북동부 아라곤(Aragón) 지방에 있는 사라고사(Zaragoza) 주의 주도이며, 중세시대 실존했던 아라곤 왕국(Reino de Aragón)의 수도이기도 했다. 사라고사는 위치상으로 마드리드, 바르셀로나, 발렌시아, 빌바오, 툴루즈(프랑스) 등의 주요 도시들과 약 300km 정도 떨어져 있고, 이 도시들의 중심부에 위치해 있기 때문에 교통의 요충지로서의 역할도 하고 있다.

이곳은 대도시답게 대성당도 2개가 있는데, 바로 살바도르 대성당(Catedral del Salvador de Zaragoza)과 전 스페인의 수호성인 필라르의 성모 마리아에게 바쳐진 필라르 성모 대성당(Basílica de Nuestra Señora del Pilar)이 그것이다.

Host의 집으로 가는 길, 오랜만에 만난 대도시에는 나의 시선을 끄는 것이 너무나도 많았다. 특히 이 도시 한가운데는 에브로강(Rio Ebro)이 흐르기 때문에 다리가 많는데, 그중에는 척 보기에도 범상치 않은 멋진 다리도 여럿 있었다. 그중 하나가 바로 'Puente de Piedra(돌다리)'이다. 말 그대로 돌로 지어진 이 오랜 다리는 교량의 양끝의 기둥 위에 놓여 있는 사자 때문에 '사자의 다리'라고도 불리는데, 사자는 다름 아닌 사라고사의 상징이기도 하다.

사라고사의 교량. 널찍한 인도와 잘 닦인 자전거도로가 인상적이다.

Puente de Piedra(돌다리)를 지키는 늠름한 사자들.

이 돌다리와 뒤에 보이는 '필라르 성모 대성당'은 이 도시의 랜드마크 중 하나이다.

Host의 집에 도착한 후, 짐을 풀고 Host와 함께 시내 구경에 나섰다. 나온 곳은 바로 아까 보았던 성당 근처였다.

제일 먼저 들른 곳은 바로 시장. '사라고사 중앙시장(Mercado Central de Zaragoza)'이라는 이름이 붙은 이곳은, 엄청나게 거대한 전통 시장이었다. 100m도 넘는 엄청난 길이의 이 시장은 아쉽게도 내가 도착한 그 시간에는 문이 닫혀 있었다.

사라고사의 전통 시장. 입구는 작게 보일지 몰라도, 한번 들어서면 한참을 걸어가야 하는 엄청난 길이의 전통 시장이다.

로마 시대의 벽 앞에 세워져 있는 아우구스투스 황제의 동상.

도심 한쪽에 남아 있는 로마 시대의 유적들(Murallas Romanas). 무려 2000년 전의 유적들이 아직 이렇게 남아 있다는 것이 정말 놀라울 따름이었다. 우리나라로 치면 삼국 시대 초기의 성벽이 남아 있는 것이기 때문이다.

    도심 한가운데에는 로마 시대의 유적들이 곳곳에 산재해 있었다. 실은 사라고사라는 지명 자체가 로마의 아우구스투스 황제[28]에게서 유래하며(아우구스투스 황제를 뜻하는 Caesar-Augustus에서 로마 시대 도시명 Caesaraugusta가 되었고, 이것이 후에 Zaragoza가 되었다.),

---

28) BC 63년 ~ AD 14년. 본명은 가이우스 율리우스 카이사르 옥타비아누스(Gaius Julius Caesar Octavianus)이며, 로마제국의 초대 황제이다.

도시 또한 아우구스투스 황제의 명에 따라 기원전 1세기 이 도시를 점령한 로마인들에 의해 세워졌기 때문에, 로마의 흔적이 여기저기 많이 남아 있었다.

이 유적을 구경을 마치고 나와서 오른쪽으로 꺾으면 거대한 광장과 어마어마한 성당을 마주하게 된다. 바로 강 건너 구경했었던 필라르 성모 대성당과 그 앞에 조성된 필라르 광장(Plaza del Pilar)이 그것이다.

필라르 성모 대성당(Basílica de Nuestra Señora del Pilar)은 필라르의 성모님께 봉헌된 성당으로서, 서기 40년 에브로 강변에 있던 예수님의 제자 성 야고보 앞에 성모님이 나타나 옥으로 된 기둥[29]을 건네주며 성전을 지으라고 한 것에서 기원한다고 한다.

처음 지어진 이후 오랜 기간 동안 여러 번 부서지고 재건된 이 대성당은, 1872년 중앙 돔과 첨탑 공사를 끝으로 오늘날의 모습을 갖추게 되었다.

필라르 광장(Plaza del Pilar). 좌측이 바로 필라르 대성당이다.

---

29) 필라르(Pilar)는 스페인어로 '기둥'이라는 뜻이다.

하늘은 아직 대낮처럼 밝았지만, 저녁 식사시간인 오후 7시 30분경이었기 때문에 성당 내부에는 사람들이 몇 명밖에 없었다. 이 대성당은 스페인에 와서 처음으로 구경하는 전통 양식의 대성당이었다. 그 실내는 밖에서 상상하던 모습보다 훨씬, 정말 훨씬 더 아름답고 어마어마했다.

필라르 대성당의 화려한 내부.

현판 아래 금테두리 안, 아래쪽 조명이 비추는 곳 안에 바로 이 성당의 기원이 되는 옥으로 된 기둥이 있다. 저곳을 만지면 소원이 이뤄진다고 한다.

스페인 내전이 벌어진 1936년부터 1939년까지, 이 성당에는 무려 세 개의 폭탄이 떨어졌는데, 놀랍게도 하나도 폭발하지 않았다고 한다. 그중 두 발이 대성당에 전시되어 있다.

필라르 대성당의 중앙 제대. 화려한 조각 솜씨에 넋을 놓고 바라보게 된다.

필라르 대성당의 전경. 수많은 첨탑과 위풍당당한 모습이 정말 아름답게 느껴진다.

한편 사라고사는 스페인의 대표 화가 프란시스코 고야(Francisco José de Goya y Lucientes, 1746.03.30.~1828.04.16.)가 자란 곳이다. 고야는 스페인의 대표 낭만주의 화가이자 판화가인데, 스페인 아라곤 지방 푸엔데토도스(Fuendetodos)라고 하는 작은 시골마을에서 태어나 사라고사로 이주하여 유년 시절을 보냈으며, 이후 필라르 대성당 소속 화가로 활동하기도 했다고 한다. 필라르 대성당 천장에는 수많은 프레스코화가 있는데, 그중 몇 개는 고야가 그린 것이라고 한다.

광장 끝부분에 있는 고야의 동상.

고야의 동상 앞은 어린이들의 물놀이장이다. 많은 아이들이 즐거운 시간을 보내고 있었다.

광장에 있는 카페. 저녁의 여유로움이 느껴진다.

광장의 끝에는 또 하나의 대성당, 살바도르 대성당(Catedral del Salvador de Zaragoza)이 있다. 이 성당은 예전에 이슬람 모스크였는데, 이후 이곳을 점령한 알폰소 1세가 도시의 이슬람교도들에게 철수를 명했고, 이슬람 사원만 남게 되었다. 그 후 이 성당은 여러 번의 증개축을 거쳐서 오늘날의 모습을 갖추게 되었다.

성당의 모습. 흰색의 성당과 옆에 높게 솟은 종탑이 매우 이색적이다.

이 성당 외벽에 있는 이슬람의 흔적이 또 다른 볼거리이다.

참, 이날의 하이라이트는 따로 있었으니, 바로 거의 2달 만에 맛본 한국의 라면이었다. 내가 머물렀던 곳의 Host는 한국통이라서 온갖 한국 음식들이 집에 있었고, 물론 한국의 대표 라면인 신라면도 갖고 있었다. 저녁에 나에게 먹으라고 이 라면과 계란 한 개까지 내어준 것이었다. 따뜻한 라면 국물 한 모금에 속이 뻥 뚫리는 느낌이었다.

이역만리 타국에서 느끼는 참 한국의 맛. 2달 여 만에 맛보는 라면은, 잠시 출타했던 고국에 대한 그리움을 불러왔다.

Host가 차려준 맛있는 저녁과 와인. 스페인 사람들은 쌀 요리도 즐겨 먹어서 오랜만에 쌀밥을 먹을 수 있었다.

이날 밤, 라면에 이런저런 요리들과 시원하게 한잔하고 다음 날 느지막이 일어났다. 이날 하루 더 사라고사에 머무르고 다음 날 떠날 예정이었기에 일정은 좀 여유로웠다.

사라고사의 햇살은 아주 뜨거웠다. 한낮에는 그늘이 아니면 정말 견디기 힘들 정도였다. 그래도 다음 날 일정 준비를 위해서 잠깐 밖에 나가봐야 했다. 아니나 다를까 한낮의 사라고사 역시 길거리에 사람이 거의 없었는데, 길을 가다가 나는 엄청난 애완동물을 보고 말았다. 바로 일광욕을 하고 있는 애완 이구아나였다.

한국에서는 거의 동물원에 가서야 볼 수 있는 이구아나가 이렇게 애완용으로 길거리에서 목줄을 한 채 일광욕을 즐기고 있었다. 주인은 그늘에서 이들이 일광욕을 하는 것을 기다리고 있었다. 애완동물의 클래스가 정말 남다르다.

이날 밖에 나온 가장 큰 이유는 기차표 구매를 위해서였다. 귀국일까지 일정을 맞추기 위해서는 사라고사에서 바로 부르고스(Burgos)라는 도시로 넘어가야 했는데, 그곳으로 가기 위해서는 기차를 이용해야 했고, 자전거 때문에 미리 기차표를 예매해야 했다. 버스도 있긴 했지만 이곳에서는 버스에 자전거를 실으려면 바퀴를 분리해서 자전거를 포장해야 한다고 했기에, 나의 선택은 기차로 굳어졌다.

사라고사에서 부르고스까지 한 번에 가는 열차가 없어서 한번 갈아타야 했다. 열차 시간은 월요일 새벽 6시 25분. 너무 감사하게도 자전거를 실을 수 없는 열차임에도 불구하고, 매표소 직원분이 티켓에 글귀를 적어주셔서 자전거를 계속 싣고 목적지까지 갈 수 있게 조치를 취해 주셨다. 덕분에 나는 큰 시름을 덜고 마음 놓고 도심 투어를 할 수 있었다.

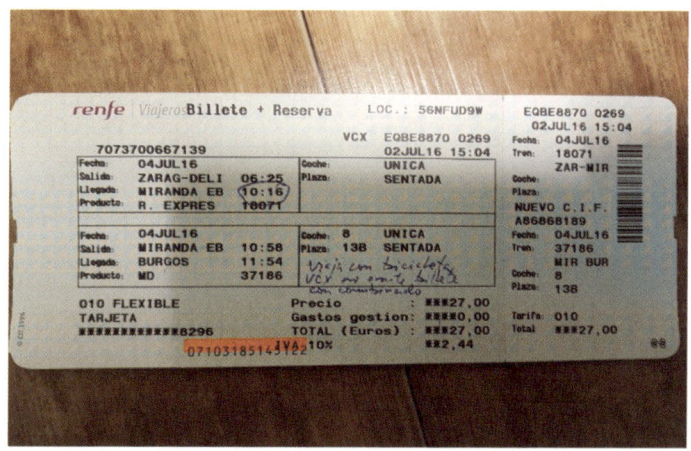

매표소 직원 분이 이것저것 티켓에 적어주셨다. 이것만 보여주면 목적지까지 무사히 갈 거라고 하시면서. 이렇게 나의 여행에 큰 도움을 준 은인이 한 명 추가되었다.

나는 자연스레 어제 저녁에 왔었던 필라르 대성당 쪽으로 다시 왔다. 한 번만으로는 너무나도 부족했던, 그래서 너무나도 다시 보고 싶었던 곳이었기에 나는 천천히 이곳을 다시 둘러보기로 했다.

사라고사의 주택가. 고층 아파트가 즐비하다.
그런데 건물들의 높이가 약속이나 한 듯 거의 일정했다. 높이 제한이 있는 모양이다.

살짝 봤다가 정말 한참을 웃었던 교통 표지판.
공공 도로는 스피드를 즐기는 곳이 아님을 너무도 잘 나타내고 있다.

성당 앞 광장에는 어제 못 보고 지나친 귀여운 분수가 있었다.

성당 반대편의 경치는 아파트가 쭉 늘어선 것이 마치 우리나라의 한강변 같았다.

한편 이날 광장 한쪽에서는 NBA 관련 행사가 있었다. 축구에는 한참 미치지 못하지만, 스페인에서 농구 역시 어느 정도 인기 있는 스포츠였다. 스페인의 농구 실력은 생각했던 것 이상으로 강했는데, 올림픽에서 은메달을 무려 3회나 차지했고 (우승은 물론 비빌 곳도 없는 세계 최강 미국), 스페인 출신 NBA 선수도 꽤 있다고 한다.

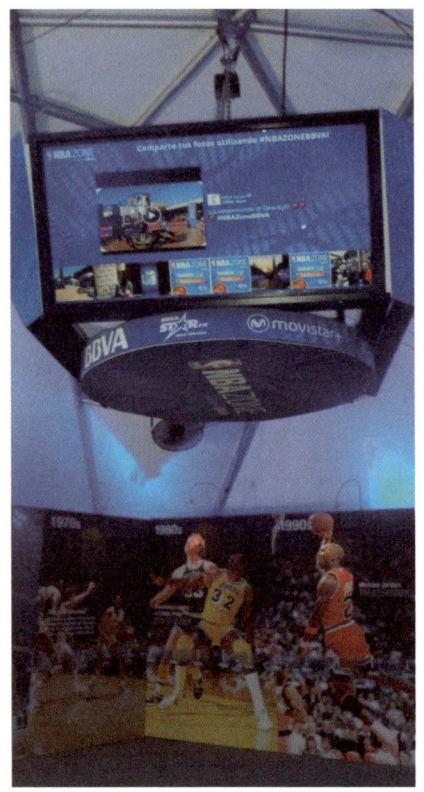

마이클 조던을 비롯한 시대를 풍미한 NBA 스타들이 벽을 채우고 있었다.

광장에 마련된 NBA 관련 행사장.

이어서 어제 문이 닫혀서 들어가지 못했던 살바도르 대성당에도 들어갔다. 이 성당 안에는 박물관이 있어서 구경이 유료였는데, 정말 돈을 내고 들어가는 것이 당연하다고 생각될 만큼 엄청난 퀄리티를 자랑했다. 내부에는 수많은 경당들이 자리하고 있었고, 또 그만큼 많은 그림들과 성상들이 자리하고 있었는데, 사라고사에 간다면 이곳 역시 놓치면 후회하는 곳, 반드시 들러야 할 곳이란 생각이 들었다.

숙소로 돌아가는 길. 오래도록 기억하고 싶은 멋진 풍경을 마지막으로 눈에 담았다.

사라고사에서는 오랜만에 스파에도 한번 들렀는데, 정말 크고 멋진 스파였다. 가격은 조금 비쌌지만, 습식·건식 사우나가 다 있었고, 실외 노천탕으로 이어지는 엄청나게 넓은 온탕과 다양한 종류의 물 분사 시설, 냉탕에 야외 선탠장까지 어마어마한 시설을 자랑하는 곳이었다.

대형 마트에도 오랜만에 한번 들러서 이것저것 구경했는데, 그곳에서 수많은 한국 제품들을 만날 수 있었다. 물론 삼성, 엘지 등 우리나라의 주요 가전제품들은 모두 진출해 있었고, 무엇보다 눈에 띈 것은 우리나라에서는 볼 수 없는 큰 병에 담긴 소주였다. 무엇에라도 홀린 듯이 나는 소주를 샀고, 정신을 차려보니 Host의 집에서 소주를 마시고 있었다.

무려 7.95유로(약 15,000원)에 팔리고 있던 24도짜리 한국 소주. 우리나라에서는 볼 수 없던 커다란 병에 담겨 있던 소주는, 그렇게 나의 밤을 촉촉이 적셔 주었다.

그렇게 사라고사에서의 밤은 한국 소주와 함께 깊어갔다.

2.7. 부르고스(Burgos)에서 시작한 본격 산티아고 순례길 (Camino De Santiago) ①. 알베르게(albergue)[30]와의 첫 만남

2016년 7월 4일(월).
일정 : 스페인 사라고사(Zaragoza) ~ 카스트로헤리스(Castrojeriz)
이동방법 : 열차 / 이동거리 : 약 328km,
자전거 / 이동거리 : 약 48km

월요일 아침, 새벽 기차를 타기 위해 그 어느 때보다도 일찍 일어났다. 일어나자마자 씻고 짐을 싸서 나왔는데, 차갑게 식은 새벽 공기는 엄청나게 차가웠다. 새벽에 졸음운전 하면 어떡하나 하는 걱정은 기우에 불과했다. 차가운 새벽 공기가 나의 정신을 번쩍 뜨이게 해 주었기 때문이었다.

기차 여정은 사라고사에서 서쪽 위로 올라갔다가 열차를 갈아타고 남동쪽으로 조금 내려오는 것이었다. 중간에 큰 산이 있어서 그런지 직통 기차는 없는 모양이었다. 버스는 한 번에 바로 가는 것이 있었지만, 자전거 때문에 이용할 수 없어서 조금 먼 길을 돌아가야만 했다.

---

30) 알베르게(albergue)는 산티아고 순례길을 걷는 이들을 위한 순례자 전용 숙소이다. 보통 5~10유로의 저렴한 가격대로 1박을 할 수 있으며, 주로 단체 숙박을 하게 된다. 대부분 숙소뿐만 아니라 화장실, 심지어 샤워실도 남녀 구분이 없는 곳도 있다. 식사는 사먹을 수 있는 곳도 있고 직접 해먹어야 하는 곳도 있다. 세탁기는 거의 모두 유료이며, 혼자 여행하는 이들은 주로 손빨래를 많이 한다. 귀중품은 카운터에 보관하거나 사물함이 있는 곳도 있어서 그곳에 넣으면 되는데, 이를 위해 자물쇠는 미리 챙겨가는 것이 좋다. 알베르게의 가장 큰 장점은 세계 각국의 친구들을 많이 사귈 수 있다는 점에 있다. 저녁에 모여서 같은 길을 가는 이들과 스스럼없이 어울릴 수 있는 곳이 바로 알베르게이다.

중간에 기차를 갈아탈 때, 그래도 확실히 하기 위해서 역무원에게 표를 보여주며 내가 바른 곳에 있는지 확인을 한 후 기차가 오기만을 기다렸다. 출발 5분 전 즈음에 내가 기차 시간을 물어봤던 그 역무원이 나에게 다가오더니 지금 앞에 서 있는 기차가 내가 탈 기차라고 이야기해 주었다. 나는 시간이 다 되면 오는 줄 알았는데, 기차는 내 예상보다 훨씬 일찍 도착해 있었다. 하마터면 그냥 보낼 뻔했는데, 역무원의 도움으로 제시간에 맞게 기차를 타게 되었다.

두 번째 갈아탄 기차에는 원래 자전거를 싣는 칸이 없었는데, 어제 끊어놓은 그 기차표를 보여주니 기차 차장님께서 자전거를 직접 기차에 실어주는 서비스까지 해주셨다. 뭐라고 적어놓으신 건지는 모르겠는데, 그렇게 도움을 받으니 정말 고마움이 샘솟아 나왔다.

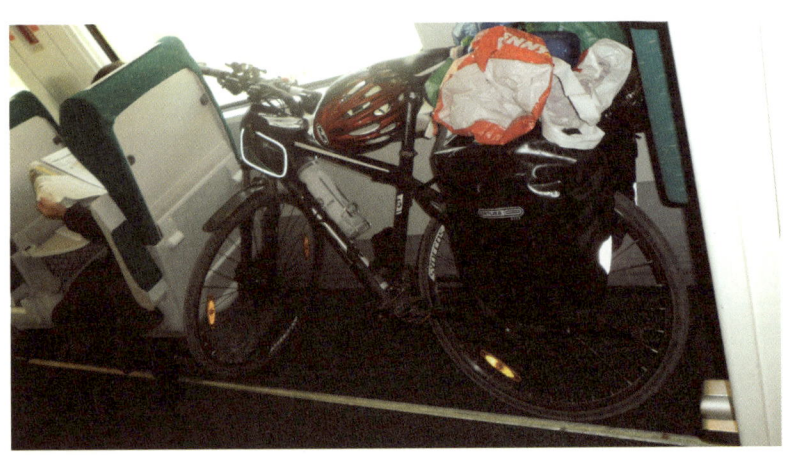

열차 객실 안쪽 좌석 뒤에 실린 자전거.
정말 자전거와 함께 가지 않은 곳이 없었다.

목적지 부르고스로 가는 기차 안에서는 아침에 일찍 일어난 것을 보충하느라 열심히 잠을 잤다. 한번씩 일어나서 바라본 차창 밖 경치는 온통 높고 높은 산들뿐이었는데, 마음속으로는 '이 길을 기차 타고 가길 정말 잘했다'라고 생각했다. 그 산을 넘기 위해서는 또 허벅지가 터져나갈 정도로 페달을 굴려야 할 것이 뻔했기 때문이다. 나중에야 알았지만 스페인은 전국의 1/3 정도가 산지인 나라이며, 특히 스페인 북부

중간 기착지 미란다(Miranda)역. 이곳에서 또 나는 역무원의 도움으로 제시간에 열차를 탈 수 있었다.

는 온통 산지로서, 날씨도 남쪽의 지중해성 기후와는 완전 다른 선선한 날씨라고 한다.

부르고스 역시 평균고도 850m 지점에 위치해 있는데, 열차에서 내리니 사라고사와는 공기 자체가 완전 달랐다.

나는 산티아고 순례길을 시작하기에 앞서, 간단하게 부르고스 구경을 하기로 했다. 부르고스는 스페인 카스티야 레온(Castilla y León) 지방 부르고스 주의 주도인데, 과거 카스티야 왕국의 수도로 번영을 누리는 등 역사적으로도 중요한 도시로서 많은 역사적 건물이 있는 곳이기도 하다. 특히 유명한 것은 1221년 착공해서 무려 300여 년이 지난 1567년 완공된 부르고스 대성당인데, 1984년 세계문화유산으로 선정되었다고 한다.

부르고스 중심가로 가는 길에 만난 아주 인상적인 조형물. 인상 좋은 시골 부부의 모습을 한 동상이었다.

정말 오래된 듯한 성당. 부르고스 시내에는 이런 건물들이 널려 있었다.

도로 한가운데 있는 늠름한 기마상.

오랜 도시들이 대부분 그렇듯, 이곳 역시 다리가 정말 예사롭지 않았다.

그렇게 달리고 달려 부르고스 대성당으로 들어가는 입구, '성모 마리아의 아치(Arco de Santa María)'에 도착했다. 제일 위에는 예수님을 안고 있는 성모 마리아 상이 있었고, 그 아래에는 여러 기사들의 조각이 있었다.

성모 마리아의 아치. 과거의 역사 속으로 들어가는 느낌이 팍팍 드는 건물이었다.

부르고스 대성당은 물론 무료로 들어갈 수 있었지만, 내부 깊숙이 들어가는 것은 유료였다. 짐 전체를 그대로 자전거에 실어놓고 성당 구경을 할 수밖에 없었기 때문에, 나는 재빨리 무료로 관람하는 부분만 슥 둘러보고 들어올 수밖에 없었다.

부르고스 대성당의 전경.　　　　　　부르고스 대성당의 입구. 화려한 조각들이 빼곡히 수놓아져 있다.

그렇게 부르고스 대성당 구경을 끝으로 부르고스 관광을 끝냈다. 이제 본격적으로 산티아고 순례길(Camino De Santiago)을 시작하게 된 것이다. 지금까지의 여행 역시도 역시 산티아고 순례길의 여정을 포함하기도 했지만, 길에 산티아고 순례길 표시가 되어 있는 진짜 순례길 여정은 지금부터가 시작이었다.

산티아고로 가는 길에는 이렇게 파란 바탕에 노란 가리비(조개) 모양의 표시가 어디에나 있다. 덕분에 길을 잃을 염려는 거의 없다.

2. 스페인　313

산티아고 순례길에서 흔히 볼 수 있는 풍경. 황량한 들판이 끝없이 이어지는 그런 길을 가고 또 가야 한다.

이곳에서 본격적으로 시작된 산티아고 순례길은 비포장 도로가 많았다. 그런데 본격적인 산티아고 순례길을 시작하자마자 문제가 생겼다. 타이어가 펑크가 나버린 것이다. 비포장도로를 달리는데 뒷타이어가 무게를 이기지 못했는지, 목적지가 아직도 한참이나 남았는데 참 난감한 상황이 펼쳐지고 말았다. 이제 더 이상 펑크가 나지 않겠지 하고 안일하게 생각했던 것이 화근이었다. 예비 타이어도, 수리 키트도 아무것도 남은 것이 없었다.

지나가던 다른 이가 도와주긴 했지만, 그가 가진 수리 키트로도 펑크는 잡히지 않았고, 이제 슬슬 걱정이 되기 시작했다. 근처에는 자전거 수리점이라고는 눈을 씻고 찾아보려야 찾아볼 수 없었고, 겨우 들어선 마을은 인적도 드물었으며 문은 모두 닫혀 있었다.

머릿속이 너무 복잡해지기 시작했다. 이걸 어떻게 고치나, 오늘 잠은 어디에서 자나, 저녁밥은 어떻게 하나 등등 수많은 걱정과 고민들이 머릿속을 가득 채우기 시작했다.

도저히 해결 방법이 떠오르지 않아서 근처에 의자가 보이길래 그냥 앉아서 자전거를 세워두고 좀 쉬었다. 그런데 내가 쉬었던 곳이 바로 오픈한 지 얼마 되지 않은 알베르게였다. 죽상이 되어 가게 앞에 앉아 있으니 그분이 내가 너무 불쌍해 보였는지, 나에게 다가와서 이것저것 물으셨고, 나는 타이어가 펑크가 나서 이러고 있다고 이야기를 했다. 그랬더니 그분이 이 동네의 만물상 아저씨를 소개해 주셨는데, 그 아저씨가 어디선가 내 자전거에 딱 맞는 타이어를 구해 오셔서 자전거를 수리하시기 시작했다. 나보고는 그 알베르게에 딸린 식당에 가서 밥을 먹으라고 하고서는 말이다. 내가 먹는 동안 자전거는 말끔하게 고쳐졌고, 그분이 극구 돈을 받지 않으시려는 것을 겨우 타이어 값으로 2유로(약 2,600원)를 쥐어드릴 수 있었다. 사실상 공짜로 타이어 수리를 받은 것이다.

산티아고 순례길의 초입에서부터 큰 난관을 마주침과 동시에 큰 도움도 받았다. 산티아고 순례길은 그 길을 걷는 이들 모두가 동행이었다. 다툼과 경쟁이 아니라 협동과 만남, 나눔의 길이었다.

정말 썰렁한 시골 마을. 하지만 이런 작은 마을에도 슈퍼맨은 존재했다.

수많은 짐들과 나의 무게까지. 저 얇은 타이어가 감당하기에는 비포장길은 너무 힘겨운 곳이었다.

나는 이 슈퍼맨 아저씨에게 한 가지 도움을 더 받았다. 이 옆 동네에 친구가 알베르게(Albergue)를 하는데 거기 자리가 있는지 알아봐줄 테니 그곳에서 묵어가라는 것이 아닌가! 새로 문을 연 알베르게라서 시설도 아주 괜찮고 싸고 좋으니 그곳에 가면 좋을 거라고 하셨는데, 은인의 말을 따르지 않을 이유가 없었다. 방금 전까지만 해도 죽을 상이었는데, 어느새 모든 고민들이 한꺼번에 해결된 나는 상큼한 마음으로 다시 달리기 시작했다.

하늘이 나의 마음을 대변해주는 것일까. 구름 사이로 햇살이 아름답게 비치고 있다. 이제 웬만한 비는 나를 멈추게 할 수 없었다.

산과 언덕들이 보여주는 풍경 때문에 우리네 시골 같은 느낌이 들기도 했다. 어느 마을에 들어서건 가장 많이 눈에 띄는 것은 순례길 표시와 함께 근처에 있는 알베르게 광고판이었다.

길가에 있던 거의 다 허물어진 성당의 잔해.

멀리 저 언덕 근처기 이날 내가 머무를 동네였다. 드디어 길고 긴 여행 끝에 목적지에 도착한 것이다.

정말 수많은 우여곡절 끝에 작은 시골마을 카스트로헤리스(Castrojeriz)에 도착했다. 이곳에서 만난 나의 첫 알베르게는 로살리아 알베르게(Rosalía Albergue)라고 하는 곳이었다. 거의 어둑어둑할 무렵에 도착한 탓에 알베르게 내부에는 하루를 마감하고 잠자리에 드는 사람들이 많아서 벌써 소등이 이뤄졌다. 거기다가 내가 도착하자마자 바깥에 거센 비바람이 몰아치는 바람에 실내는 더욱 어두컴컴해졌다. 원래 계획은 동네 식당에 가서 간단히 맥주를 마시고 오는 것이었는데, 도저히 나갈 상황이 되지 않아서 알베르게에 딸린 식당에 내려가서 간단히 허기만 달랜 후 침대로 올라와서 잠을 청했다.

알베르게의 하루는 일찍 시작하고 일찍 끝났다. 이곳에 묵는 이들은 모두 산티아고 순례길을 걷는 순례자들이기에 일찍 일어나서 하루 일정을 시작하는 이들이 많았고, 덕분에 다들 하루를 일찍 마감했다. 이곳 알베르게는 밤10시가 되면 외부 출입문을 아예 잠가버린다고 했는데, 이 시간이 거의 공식 취침시간이었다. 나는 지금껏 보통 12시~새벽 1시쯤 잠이 들어서 다음 날 9시~10시쯤 일어나서 출발하는 패턴으로 여행을 했었기에 새로 시차에 적응해야 했다.

커다랗게 뻥 뚫린 알베르게 내부에는 수십 개의 침대가 놓여 있었고, 거의 가득 들어찬 침대 위에서는 열심히 순례길을 걸었던 순례자들이 각자의 방식대로 하루를 마감하며 잠자리에 들고 있었다. 이 거대한 공동 침실은 산티아고라는 한 목적지를 향해 전진하는 수많은 사람들의 다양한 이야기가 담긴 추억과 휴식의 공간이자, 또 수없이 많은 만남과 헤어짐의 이야기가 만들어지는 인연의 공간이기도 했다. 그 안에서 모두는 친구이자 동행이었다. 나 역시 그들 가운데 하나가 되어 그들과 같은 꿈을 꾸었다. 내일 또 이 길을 걷는 꿈을.

2.8. 본격 산티아고 순례길(Camino De Santiago)
②. 거친 길을 달리다

2016년 7월 5일(화).
일정 : 스페인 카스트로헤리스(Castrojeriz) ~
칼사디야 데 라 쿠에자(Calzadilla de la Cueza)
이동방법 : 자전거 / 이동거리 : 약 62km

스페인 SPAIN

카스트로헤리스(Castrojeriz)
▼
아스트로가(Astroga)
▼
트라바델로(Trabadelo)
▼
포르토마린(Portomarin)
▼
산티아고 데 콤포스텔라
(Santiago de Compostela)
▼
비고(Vigo)

일정 카스트로헤리스(Castrojeriz) ▶ 아스트로가(Astroga) ▶ 트라바델로(Trabadelo) ▶ 포르토마린(Portomarin) ▶ 산티아고 데 콤포스텔라(Santiago de Compostela) ▶ 비고(Vigo)

다음 날 아침, 나 나름대로는 일찍 일어난다고 일어났는데, 벌써 사람들은 거의 다 떠나고 없었다. 다들 정말 일찍 일어나는 듯했다.

이날의 일정은 시작부터 험난했다. 산이라고 하기엔 낮지만, 언덕이라고 하기엔 너무 높은 그런 곳을 여러 개 넘어야 했는데, 경사가 어마어마했다. 길도 포장도로가 아닌 흙길이어서 자전거를 타고 가는 게 너무 힘들었다. 결국 오르막길에서는 내려서 끌고 올라가는 것을 택했다.

첫 오르막에서는 정말 미치는 줄 알았다. 이곳의 경사도는 12도. 우리나라 대부분의 도시 지역에서 개발을 제한하는 토지 경사도이다.

이곳은 무려 18도. 너무나도 급한 경사였기에 내리막임에도 안전을 위해 자전거에서 내려서 가야 했다.

외길에 있는 산티아고 순례길 표지판. 하긴, 하나밖에 없는 길에서도 우린 종종 길을 잃고 방황하곤 한다.

이날은 펑크와의 사투였다. 비포장도로인 까닭에 자전거가 펑크가 났고 고생해서 고쳤는데 또 펑크가 났다. 그래서 도움을 받고 가다가 다시 펑크, 얼마 안 있어서 또 펑크. 땜질식으로 때우는 수리로는 도저히 이 날의 일정을 마무리 짓지 못할 것 같았다. 자동차 한 대 다니지 않는 외딴곳에서 어떡하나 싶은 마음에, 일단 식사 시간이 되어서 그냥 자포자기하는 심정으로 식당에 들어가 밥을 먹었다. 이 상태에서 자전거를 끌고 전진을 계속하려면 배라도 든든해야 할 것 같았기 때문이다. 그렇게 일단 밥을 먹고 터덜터덜 자전거를 끌고 길을 나섰는데, 얼마 지나지 않아서 또다시 은인을 만나게 되었다.

내가 자전거를 타지 않고 끌고 가는 모습이 이상했는지 어떤 작은 마을에서 한 아저씨가 나에게 말을 걸어왔는데, 내가 사정을 설명하자 그는 나를 자기 집으로 데려오더니 자기 집을 다 뒤져서 사이즈가 딱 맞지는 않지만 비슷한 크기의 타이어를 찾아내서 장착해 주었다. 정말 이때 받은 감동이란…. 그 집에서 사과를 비롯한 약간의 먹을거리도 얻고 나는 다시 힘을 얻어 길을 나섰다. 나의 산티아고 순례길은, 이렇게 멋진 인연들과의 연속이었다. 잠깐 동안 육체적·정신적으로 너무나도 힘들었지만, 그 어려움을 이겨낼 수 있는 인연을 계속해서 만났기에 나는 더욱 큰 힘을 낼 수 있었다.

그렇게 임시 타이어로 무사히 어느 정도 규모가 있는 동네에 도착할 수 있었고, 이 도시에서 자전거 수리점을 발견해서 자전거를 고치고 예비 타이어도 구매할 수 있었다. 정말 놀라운 것은, 원래 이곳은 자동차 타이어 수리점인데 자전거 타이어도 함께 취급하고 있다는 것이다. 그렇게 이날 순례길을 자칫 포기할 수도 있었던 상황에서 많은 분들의 도움으로 모든 난관들을 다 이겨내고 새로운 기분으로 라이딩을 시작하게 되었다.

정말 어렵게 어렵게 찾은 수리점.　　자동차 타이어 수리점인데 놀랍게도 자전거 타이어도 취급하고 있었다. 예비 타이어도 구매해서 이제 펑크가 나도 걱정 끝!

그렇게 새로운 타이어로 새 생명을 얻은 자전거와 함께 더욱 속도를 내어 달리기 시작했다. 이날은 계속되는 타이어 펑크 때문에 일정이 많이 지체되었기 때문에 특별히 목적지를 정하지 않고 갈 때까지 가보자는 심정으로 페달을 밟았다. 그렇게 밤이 깊어서 어느 마을에 도착했다. 밤이 늦은 시간이었지만 아직 해는 지지 않았는데, 나를 멈추게 한 것은 다름 아닌 배고픔이었다.

산티아고 순례길 곳곳에는 이렇게 순례자들의 동상이 있다. 또한 모든 길 안내 표지판에는 기본적으로 산티아고까지의 거리가 표시되어 있었다. 모든 길은 산티아고로 향했다.

이날의 전반부는 계속되는 타이어 펑크로 인해 역대급으로 힘든 하루였다면, 후반부는 그야말로 행운의 연속이었다. 멋진 이들과의 만남, 타이어 수리점을 찾은 것, 그리고 최고로 저렴하고 시설이 역대급인 알베르게를 만난 것까지! 무려 수영장이 딸린 알베르게였는데, 비용은 1박에 단돈 5유로(약 6,500원). 행운이 계속해서 나를 따라오는 그런 느낌이었다.

정말 너무나도 작은 마을. 너른 들판이 마을을 감싸고 있다.

저녁을 먹기 전 잠깐 들러 본 성당. 작은 시골 마을답게 작고 소박한 성당이었다.

성당의 내부.

식당의 야외 테이블에서 밥을 먹으며 바라본 풍경. 이런 풍경을 마주하며 밥을 먹는 것은 이 산티아고 순례길에서 누릴 수 있는 최고의 사치이다.

이날 먹은 저녁밥. 기적 같은 하루를 마감하기에 딱 알맞은 최고의 저녁 식사였다.

알베르게에 도착한 후 마을 산책을 한 바퀴 하고 나서 제일 먼저 한 것은 알베르게에서 했던 수영이었다. 스페인의 타는 듯한 열기를 피해 그늘이 드리워진 수영장에서 하는 수영은 정말 '기가 막히다'라는 표현밖에 달리 맞는 표현이 없었다. 수영을 간단히 한 후 씻고 나서 저녁을 먹고 다시 수영을 했는데, 해가 진 후 약간은 쌀쌀해진 저녁의 시골 공기 속에서 하는 야외 수영은 정말 최고였다. 하루 종일 무더위 속에서 달렸던 그 모든 기억들이, 자전거가 계속해서 펑크가 나는 바람에 힘들고 짜증났던 그 모든 기억들이 시원한 물장구 한 방에 다 잊히고 말았다.

이날의 기억을 되돌아보면 사실 힘들었던 것보다는 즐겁고 행복했던 기억이 더 많이 남아 있다. 자전거가 펑크가 나고 수리해도 또 펑크가 나는, 계속해서 반복되는 힘든 상황 속에서도 아무 대가도 바라지 않고 발 벗고 나서서 도움을 주었던 모든 이들, 그리고 그들이 보여준 진심 어린 걱정과 따뜻한 위로의 한마디, 그 모든 것들이 하나하나 모여서 정말 힘들었던 나의 여정을 성공적으로 마치게 해주었기에 이날 나의 여행은 그야말로 '대성공'이었다.

나에게 도움을 주기 위해 가던 길을 멈추고 기꺼이, 그리고 아낌없이 도움을 주었던 많은 이들, 그리고 일정상 도움을 주지는 못해도 격려의 한마디를 건넸던 모든 이들과의 만남이 이날 여행을 더욱 풍족하게 해주었다.

분명 자전거를 끌고 가면서 욕설도 내뱉을 만큼 힘들었던 날이었다. 하지만 다른 여느 날처럼 멋진 숙소에서 하루를 아름답게 마감할 수 있었다. 무사히 이날을 마무리 지을 수 있었던 것은 나 혼자만의 힘이 아니라 나를 지나쳤던 그 수많은 인연들이 만들어낸 기적이었다고 감히 말하고 싶다.

그날 밤, 옆 침대에 누웠던 또 다른 순례객과의 대화를 통해 수많은 일이 있었던 이날 하루를 되돌아보며, 나는 기적과도 같았던 하루를 마감했다.

2.9. 본격 산티아고 순례길(Camino De Santiago) ③. 인연의 시작과 끝

2016년 7월 6일(수).
일정 : 스페인 칼사디야 데 라 쿠에자(Calzadilla de la Cueza) ~
아스트로가(Astroga)
이동방법 : 자전거 / 이동거리 : 약 122km

산티아고 순례길에서는 일찍 자고 일찍 일어나는 것이 예의. 나는 이 날도 나름대로 이른 시간인 8시(다른 이들은 이미 출발하고도 남을 시간이지만)에 일어나서 일정을 시작했다. 이곳 알베르게에서는 아침밥을 알베르게에서 사먹을 수 있었는데, 보통 다른 알베르게에서는 직접 해서 먹어야 했다. 하루 종일 달리려면 아침은 일단 든든해야 하기 때문에 아침 식사는 거르지 않고 잘 먹었다.

맑고 화창한 날씨, 약간은 거센 바람. 그리고 너무나도 맑았던 공기. 아름다운 풍경과 순례길을 수놓은 아름다운 사람들. 그 모든 풍경들을 가슴에 안고 나는 나의 길을 떠났다.

산티아고 순례길 곳곳에서 만난 작은 마을마다 그만큼 작고 아름다운 성당이 하나씩은 꼭 있었다. 이날도 역시 가는 길에 작은 성당을 만났는데, 성당은 때마침 평일 낮 미사 중이었고, 나는 오랜만에 미사에 참석할 수 있었다.

미사를 마친 후 성당 신부님과 인사를 나눴는데, 나를 보더니 대번에 '한국인이냐' 하고 물으셨다. 한국인이 정말 많이 오긴 하는 모양이다. 신부님께서 나에게 바로 행운의 스티커라 하시면서 작은 스티커를 건네주셨는데, 정말 시골의 훈훈한 인심과 함께 신부님의 맑디맑은 마음이 행동 하나하나에 묻어나오는 듯했다.

이제 막 미사가 끝난 성당의 제대. 그림과 성상이 여러 개 있는 커다란 제대의 형태가 스페인 성당의 기본 형태이다.

성당의 뒤쪽 내부. 소박한 시골 성당이라 성당 내부는 정말 단순했다.

그렇게 짧았던 인연을 뒤로하고 나는 다시 길을 떠났다. 중간에 다른 성당을 한 번 더 들르고 계속 길을 가다가 점심시간이 되어서 식당을 찾았는데, 프랑스에서는 점심을 간단한 소시지나 빵으로 때우기 일쑤였지만, 이곳 스페인에서는 가격도 워낙 저렴하고 입맛도 잘 맞아서 점심도 주로 식당에서 먹었다. 이날 점심으로 먹은 것은 스페인의 대표 요리 빠에야(Paella)[31]. 입에 착착 감기는 게 진짜 우리나라에서 먹는 볶음밥 같았다.

그릇에 담고 먹기 직전, 겨우 정신을 차리고 사진을 찍었다. 너무나도 익숙하면서 향기로운 음식 냄새 때문에 하마터면 흔적도 없이 다 먹어버릴 뻔했다. 이것 말고도 요리를 하나 더 먹었는데, 그 요리는 그야말로 흔적도 없이 사라져 버렸다.

늦은 점심을 먹은 후 열심히 페달을 밟았고 오랜만에 대도시인 레온(León)에 도착했다. 레온은 카스티야 이 레온(Castilla y León) 지방

---

31) 스페인, 엄밀히 스페인 동남부 해안에 있는 발렌시아 지방의 대표 요리이다. 일종의 볶음밥인데, 쌀밥에 육류, 해산물 등을 넣어서 볶은 요리이다. 일단 쌀이 들어가고 간이 잘 되어 있기 때문에 우리나라 사람이 먹기에도 부담 없는 요리이다.

에 속한 레온(León) 주의 주도인데, 산티아고로 가는 가장 대표적인 순례길의 길목에 위치해 있기 때문에 많은 이들이 이 도시를 지나갔고, 덕분에 여러 분야에 걸쳐서 많은 영향을 끼친 스페인의 주요 도시 중 하나로 남게 되었다.

레온에서 다시 만난 가우디. 책을 읽고 있는 가우디의 동상은 어딘가 굉장히 심각한 모습이었다. 성가족 대성당 설계를 하고 있나?

동상 옆 보도블록에 있는 명패. 가우디라는 이름은 스페인의 자랑으로 남아 있다.

레온 대성당으로 가는 길. 정확히 시에스타 시간이라 그런지 거리는 매우 한산했다.

나는 간단하게 동네를 돌아보고 레온 대성당으로 향했다. 레온 대성당(Catedral de León)은 부르고스 대성당, 톨레도 대성당과 함께 스페

레온 대성당 앞의 카페. 내리쬐는 햇살 아래, 모든 테이블은 텅 비어 있었다. 시에스타는 거역할 수 없는 이들의 삶이었다.

인의 3대 고딕 양식 대성당으로 손꼽히는 곳으로, 13세기에 짓기 시작해서 16세기 완공되기까지 무려 4백여 년의 건축기간 끝에 완성된 거대하고 아름다운 대성당이다.

이렇게 멋진 대성당을 그냥 지나칠 수 없어서 안으로 들어가려고 성당 앞으로 갔는데, 성당 안으로 들어가는 모든 문이 잠겨 있는 것이 아닌가! 이 성당에 도착한 것은 오후 3시 경이었는데, 성당은 4시는 되어야 다시 문을 연다고 했다. 세상에나, 성당 관람도 시에스타를 지키고 있었던 것이다!!!

정말 너무나 아쉽게도, 레온 대성당은 겉모습을 보는 것만으로 만족할 수밖에 없었다. 이곳에서 1시간을 기다려서 성당을 구경하려면 구경하는 시간까지 총 2시간 정도를 더 기다려야 하는 것이고, 그렇게 되면 총 2시간 정도를 지체하게 되는 것이기에, 이날 목적지로 삼은 도시까지 도착할 수가 없었다. 그렇게 되면 토요일까지 산티아고에 도착하려고 했던 나의 계획도 모두 어그러지게 되는 것이기에, 아쉬운 마음을 뒤로하고 발걸음을 돌릴 수밖에 없었다.

엄청난 위용을 자랑하는 레온 대성당. 너무 아쉽지만 일정상 성당의 내부로는 들어갈 수 없었다.

나는 발걸음을 재촉했다. 이날의 목적지는 레온이 아닌 다른 도시였기에, 더 이상 이곳에서 시간을 지체할 수 없었다.

도심에서도 산티아고 순례길은 계속되었다. 아니, 산티아고 순례길은 이곳에서는 하나의 삶이었다. 길바닥, 건물 벽면 시선이 가는 모든 곳에는 산티아고 순례길로 가는 화살표 표시가 그려져 있었다. 어느 길을 갈지는 순전히 개인의 선택이지만, 어쨌든 목적지가 산티아고라면 길을 헤맬 일은 거의 일어나기 힘들어 보였다. 모든 길이 산티아고로 향해 있었기 때문이다.

노란색 화살표는 어느 때는 바닥에, 아니면 건물 벽에 불쑥불쑥 나타났다. 그 화살표는 사람들을 산티아고로 안내하고 있다.

그렇게 짧았던 레온 구경을 마치고 나는 다시 달렸다. 도심을 나와서도 길 곳곳에는 노란색 화살표가 길을 안내하고 있었다.

가로등에도, 건물 벽에서 노란색 화살표는 어디에나 있었다. 간혹 화살표가 끊길 때도 있었지만, 걱정이 될 때 즈음이면 어김없이 노란색 화살표가 나타나 길을 알려 주었다.

 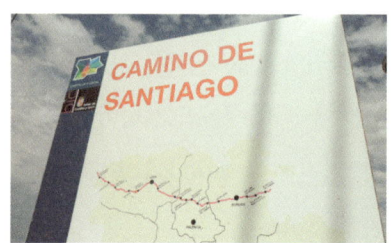

잠시 휴식을 취하며. 좁은 산길에도 산티아고 순례길 표지판은 반드시 있었다.

이 핑크색 길은 산티아고 순례길 중에서 가장 유명한 길인 '프랑스길'이다. 부르고스에서부터 내가 달려온 길이기도 하다.

그러게 얼마나 달렸을까, 이날의 목적지 아스트로가(Astorga)에 도착했다. 이 도시의 알베르게는 완전 초대형 숙소였다. 묵는 인원이 100명 이상은 되어 보였는데, 물론 걸어온 사람이 대다수였고 나처럼 자전거를 타고 온 사람도 꽤 되었다.

이 알베르게를 거쳐 간 한국인도 꽤 많은 듯했는데, 태극기와 한글 방명록 등 수많은 한국인들의 흔적을 볼 수 있었다.

이곳은 랜덤으로 방이 배정되었는데, 6명이 찰 때까지 기다렸다가 한꺼번에 한 방으로 가게 되었다. 기숙사처럼 방에는 침대만 있었고 화장실과 샤워실은 별도로 있었다.

건물 지하에는 음식을 해먹을 수 있는 각종 조리 도구들과 냉장고를 가득 채운 음식들이 있었는데, 나는 밥은 그냥 사먹고 싶었다. 그래서 얼른 씻고 밖으로 나왔다.

이날의 저녁. 이 감자 요리 외에도 몇 가지 요리를 더 먹었다. 산티아고 순례길에 들어와서는 하루 이동량이 전에 비해서 월등하게 늘어났기 때문에 음식이 나오면 먹기 바빴다.

저녁 식사를 마치고 들어와서 그래도 배가 출출했기에, 결국 마트에 가서 이것저것 간식거리와 맥주를 좀 더 사왔다. 하늘이 혹시나 내가 심심할까 봐 멋진 구름 쇼를 선사해 주었다.

이곳 알베르게에는 워낙 사람들이 많다 보니 여러 친구들을 만났는데, 간식거리를 요리할 때는 미국인 친구와, 간식을 먹으면서는 아르헨티나 형제와 이야기를 나눴고, 음식을 먹은 후 뒷정리를 할 때는 산티아고 순례길에 나선 3명의 한국인 여성들과도 이야기를 나눴다. 스페인의 이글대는 태양 아래 그녀들의 살은 구릿빛으로 그을린 상태였지만, 얼굴의 밝은 미소는 그녀들의 순례길이 얼마나 행복한 길인지를 느끼게 해주었다.

나의 길은 이제 얼마 남지 않았기에, 프랑스에서부터 잘 간직해오던 고추장을 모두 그녀들에게 넘겨주며 그녀들의 안전한 여행을 기원하였다. 지금 그녀들은 우리나라 어디에선가 또 열심히 살아가고 있겠지.

2.10. 본격 산티아고 순례길(Camino De Santiago) ④. 하늘과 맞닿은 곳, 'Cruz de Ferro(페로의 십자가)'를 만나다

2016년 7월 7일(목).

일정 : 스페인 아스트로가(Astroga) ~ 트라바델로(Trabadelo)

이동방법 : 자전거 / 이동거리 : 약 87km

새 아침이 밝았다. 아침 7시가 되자, 이 알베르게에서는 주인이 아직 떠나지 않는 사람들을 깨우러 다녔다. 조금 더 자고 싶었는데…. 반 강제 기상으로 일어나 얼른 씻고 이날의 일정을 시작했다.

아침에 알베르게를 나오며 찍은 건물 사진. 알베르게 앞 순례자 동상이 인상적이다.

이날도 날씨는 매우 맑음. 도로 옆쪽으로는 걸어서 순례길을 가는 이들을 위한 보도가 있었다.

도대체 어디까지 오르막인 건지, 돌아보면 다시 오르막, 돌아보면 다시 오르막. 내리막은 어디에도 보이지 않았다.

이 동네에 있던 대성당. 전날 저녁은 너무 늦은 시간이라서, 이날 아침은 너무 이른 시간이라서 문이 굳게 닫혀 있었고, 결국 안에는 들어가지 못했다.

그렇게 한참을 가다가 옹기종기 사람들이 모여서 사진을 찍는 곳이 있어서 나도 멈춰 서서 사진을 찍었다. 이곳이 어느 곳인지, 이름이 뭔지 몇몇 사람에게 물어봤는데 자기들도 잘 모른다는 대답뿐. 분명 뭔가 중요한 곳인 것 같아 나중에 알아보니 바로 '페로의 십자가(Cruz de Ferro)'라고 하는 곳이었다.

페로의 십자가. 돌무덤 가운데 높은 기둥이 서 있고, 그 위에 십자가가 달려 있다.

아무것도 없는 도로변 옆에 세워져 있는 이 철 십자가 탑은, 산티아고 순례길을 걷는 이들에게 아주 의미 있는 장소이자, 해발고도가 1,504m로써 산티아고 순례길에서 하늘과 가장 가까이 있는 곳이다.

순례자들은 순례 여정의 시작 때 돌이나 기념이 될 만한 물건들을 챙겨와서 이곳에 내려놓고 간다. 하늘과 가장 가까이 맞닿은 이곳에 세상의 미련과 고뇌를 이곳에 내려놓고 홀가분한 마음으로 남은 여정을 계속하는 것이다. 십자가 앞에 있던 돌무덤과 온갖 장신구, 기념품들은 바로 이 길을 거쳐 간 많은 이들이 이곳에 두고 간 각자의 흔적이었던 것이다. 페로의 십자가는 산티아고를 향해 나아가는 순례자들이 모두 함께 만든 작품이었고, 지금도 계속 다른 모습으로 만들어지고 있는 중이었다.

나중에 페로의 십자가가 그렇게 높이 있다는 것을 알고 나서, 과연 내가 미리 그 높이에 대해서 알았더라면 그곳으로 올라가는 길이 몇 배는 더 힘들지 않았을까 하는 생각이 들었다. 아무것도 모르는 상태에서 그냥 막 올라갔기에 그냥 '정말 높네' 이 생각뿐이었지, 해발 고도가 1,500m가 넘을 줄은 상상도 하지 못했다. 마치 원효대사의 해골 물 사건처럼, 높이를 모른 덕에 그 높은 길을 두려워하지 않고 자전거를 끌고 올라갔던 것이다.

 오르막이 있으면 내리막도 있는 법. 제일 높은 곳에 다다랐으니, 이제 남은 것은 내리막이었다. 자전거 여행의 즐거움이 100배 발휘되는 바로 그 순간이 찾아온 것이다! 온 천하가 내려다보이는 아찔한 내리막은 그냥 내려가기 아쉬울 정도로 경치가 예뻤다. 내리막을 본격적으로 내려가면 중간에 사진을 찍는 것이 힘들 것 같아서, 미리 경치 구경을 좀 하면서 내려갈 채비를 마쳤다.

정상에서. 이곳에서 내려다보는 스페인의 산하는 너무 아름다웠다. 그리고 어딘가 모르게 한국의 산하와 많이 닮은 듯한 느낌이었다.

올라가는 것은 정말 한참 걸렸는데, 내려오는 것은 정말 순식간이었다. 내려오면서 중간에 작은 성당에도 한번 들르고, 잠깐잠깐 쉬기도 하면서 여유롭게 내려왔다. 성당에서는 순례자 여권에 도장도 찍을 수 있었다.

내리막이 거의 끝날 때 즈음 드디어 마을이 나타나기 시작했다. 정말 작은 산골 마을이었는데, 맑은 물이 흐르고 시원한 공기가 코끝을 스치는 그런 마을이었다.

몰리나세카(Molinaseca)라는 이름의 작은 마을. 경치 하나하나가 정말 예술이었다.
거리와 광장 등이 정말 깨끗한 것이 참 인상적이었다.

한 번 마을이 나타나자 계속해서 여러 동네가 나타났는데, 제법 큰 도시도 만날 수 있었다. 폰페라다(Ponferrada)라고 하는 도시에서는 자리를 잡고 점심을 먹었다. 아침 일찍 출발해서 오전에 달린 거리만 해도 꽤 되었기 때문에 이날은 굉장히 허기가 많이 졌었다.

스페인에서는 거의 식당 밖 테이블에서 밥을 먹었는데, 이런 화창하고 맑은 날씨에 건물 안에서 밥을 먹는 것은 있을 수 없는 일이었다. 지저귀는 산새 소리를 벗 삼아 점심을 먹고 있노라면 정말 모든 피로가 날아가버리는 느낌이었다.

한가로운 오후의 폰페라다(Ponferrada) 거리.

점심은 바게트 빵으로 만든 초대형 샌드위치였다. 이거 하나만으로 배가 가득 찼다.

식사 후 다시 길을 떠났다. 이날의 라이딩은 온종일 산속 라이딩이었다. 공기는 정말 티 없이 맑았고, 경치는 둘째가라면 서러울 정도로 빼어났다. 하지만 다리는 시간이 지날수록 후들후들거렸다. 산길에서 타는 자전거는 정말 엄청난 체력을 요구하는 일이다.

이따금씩 나타나는 마을들은 종종 나의 발걸음을 붙잡았다. 이제 그만 감탄할 때가 된 것 같은데도, 더 멋지고 아름다운 풍경들이 계속해서 나왔다.

그렇게 달리고 달린 후 이제 그만 가도 되겠다 싶어서 어느 작은 산골 마을에 멈춰 섰다. 실은 이날 너무 더워서 체력 소모가 엄청났는데, 아무리 깊은 산속이라 해도 7월의 스페인은 너무나 더웠다. 더군다나 나는 땀이 많이 나는 체질이라 체력 소모는 더욱 컸었다. 그래서 예정보다 이른 시간인 오후 5시경 이날의 일정을 마무리하고 알베르게를 찾아 들어갔다.

트라바델로(Trabadelo)라고 하는 작은 동네에 있는 알베르게였는데, 지금까지 갔었던 알베르게 중에서 가장 작은 규모였다. 이날 이 알베르게에는 나와 한 명의 독일인, 이렇게 단 2명만이 묵었었다.

우리 둘은 함께 동네 슈퍼에 가서 간식도 사고 때마침 이분의 친구분도 근처에서 숙박을 하고 있어서 3명이서 함께 알베르게에서 저녁을 먹었다. 주인 아주머니의 요리 솜씨가 아주 일품이었는데, 하루 종일 자전거를 탄 사람의 먹는 양을 귀신같이 알았는지, 접시에 스파게티 면을 정말 가득 담아 주셨다.

저녁으로 먹은 스파게티와 와인. 와인을 물처럼 마실 수 있는 곳. 바로 스페인이다.

이날 함께 저녁을 먹은 독일 형님들에게는 아주 중요한 일과가 하나 더 남아 있었다. 이날은 때마침 유로 2016의 준결승, 독일과 프랑스의 경기가 열리는 날이었던 것이다. 우리 세 남자는 모두 축구 관람 모드로 들어가서 맥주와 함께 축구 경기를 관람했다. 엎치락뒤치락하던 경기는, 경기를 보던 우리들에게 너무나 아쉽게도 프랑스의 승리로 마무리되고 말았다. 독일이 이겼으면 난리가 났을 건데, 프랑스의 승리로 끝나는 바람에 흥이 곧 깨지고 말았다. 이날 밤의 파티는 그리 오래 가지 못했다. 곧 나도 자연스레 방에 올라갔다.

이날은 오랜만에 사용하는 독방이었다. 나는 조용히 하루를 되돌아보며, 이날 하루도 정말 멋진 하루였음을 느끼며 잠에 빠져들었다.

2.11. 본격 산티아고 순례길(Camino De Santiago)
⑤. 산 넘고 물 건너

2016년 7월 8일(금).

일정 : 스페인 트라바델로(Trabadelo) ~ 포르토마린(Portomarin)

이동방법 : 자전거 / 이동거리 : 약 90km

    전날 너무 일찍 잠에 들어서 그런지, 이날 아침은 아주 일찍 일어나졌다. 이제 생체리듬이 산티아고 순례길에 제법 맞춰진 모양이다. 6시에 일어나서 씻고 준비하고 출발한 시간이 7시. 나름 일찍 나선다고 나섰지만, 벌써 많은 순례자들이 길을 나선 후였다. 나와 같이 알베르게에서 잤던 독일인 형님도 벌써 일어나서 출발한 상태였다. 이렇게 산티아고 순례길의 아침은 언제나 일찍 시작된다.

고요한 숲속의 아침. 산새들의 지저귐만이 귓가에 울려 퍼졌다.

전날 저녁에 이것저것 많이 먹기도 했고 그래서 이날 아침은 그냥 굶고 가려 했는데, 산속의 아침은 꽤나 쌀쌀했고, 날이 쌀쌀하니 괜시리 배가 고파왔다. 혹시나 문을 연 식당이 있나 싶어서 두리번두리번 찾아보았는데, 때마침 식당 한 곳이 문을 열고 아침 손님을 맞이하고 있었다.

제대로 된 간판 하나 없는 곳. 천막에는 BAR라고 적혀 있기에 지나칠 뻔했지만, 때마침 문이 열려 있기에 한번 들어가 보았다.

따뜻한 우유와 빵. 따뜻한 우유는 정말 기가 막히게 맛있었다. 따뜻함과 달달함이 뼛속까지 전해지는 느낌이었다.

그렇게 든든하게 아침을 먹고 다시 힘차게 출발했다. 짙게 꼈던 안개는 서서히 걷히고 강렬한 햇살이 내리쬐기 시작했다.

강한 햇살이 내리쬐기 시작하면서, 기온도 빠르게 올라갔다.
이 근방에서 간밤에 만났던 친구를 만났다. 자전거로 이제야 따라잡았으니, 정말 이른 아침에 출발한 듯했다. 그 친구가 이날도 엄청난 산길이 될 거라며 파이팅을 외쳐주었다.

이날의 라이딩은 정말 힘들었다. 엄청난 급경사가 나를 기다리고 있었던 것이다. 도저히 자전거를 타고 올라갈 수 없어서 자전거에서 내린 후 한참을 끌고 가다가, 결국 자전거를 길가에 눕혀 놓고 주저앉아 버리고 말았다. 이날의 오르막은 정말 끝없이 이어지는 것 같았다.

저 커브를 돌면, 다른 오르막이 나타나겠지. 오르막이 정말 환장할 정도로 쭉 이어져 있었다.

그늘을 발견하자마자 자전거를 잠시 눕혀 놓고 길바닥에 누운 채 하늘을 보며 쉬었다. 하늘은 시리도록 푸르렀다.

그렇게 얼마나 올랐을까, 오늘 또다시 구름과 수평으로 바라보는 높이까지 올라오고 말았다.

묵묵히 여정을 걷고 있는 어느 순례자의 뒷모습. 길에서 만난 인연과는 'Buen Camino'[31]라는 인사를 잊지 않는다.

---

32) 스페인어로 Buen은 '좋은', Camino는 '길'이란 뜻이다. 즉, 부엔 까미노(Buen Camino)는 산티아고 순례길을 걷는 이에게 좋은 길을 가시기 바란다는 축복의 인사이자, 함께 걷는 이 길에서 만나게 되어 반갑다는 환영의 인사이다

이 고갯길의 정상에서. 언제 다시 내려갔다가 다시 올라올지는 모르겠는데,
분명한 것은 이제 구름이 발밑에 있다는 것이다.

잠시 후 작은 마을에 들어섰다. 이 작은 마을에도 어김없이 성당이 있었는데, 그곳에는 많은 순례자들이 잠시 가던 길을 멈추고 쉬고 있었다. 많은 순례자들이 끊임없이 찾아와서일까, 아주 작은 이 마을의 성당은 방금 청소한 듯 깨끗한 모습으로 나를 맞이해 주었다.

작지만 예쁘고 깔끔한 성당이었다. 밝은 햇살이 성당 안을 고요히 비추고 있었다.

누군가의 무덤으로 보이는 곳이 있었다. 성당 안에 이렇게 묻힐 정도라면, 성직자, 수도자이거나 정말 신앙에 열성을 쏟은 누군가였을 것이다.

이 성당에는 독특하게 세계 각국의 언어로 된 성경책이 전시되어 있었다.

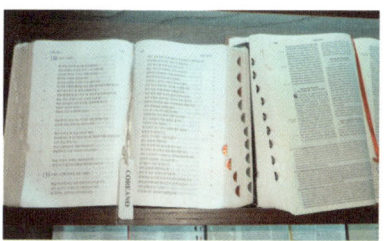
그중에는 물론 한글로 발행된 성경도 있었다. 'Coreano(한국어라는 뜻의 스페인어)'라고 쓰인 책갈피가 선명하다.

많은 순례자들이 이곳에서 쉬고 있었고, 한켠에는 여러 가지 순례길 관련 기념품들이 팔리고 있었다.

마을을 나와서 나는 끝나지 않을 것만 같은 길을 계속해서 달렸다. 산티아고 순례길과 관련된 표지판과 조형물들이 곳곳에서 나왔는데, 이것들을 보는 것도 꽤 재미있었다.

아마도 길을 지나는 순례자를 조심하라는 표지판인 것 같다.

고도 1,270m 표지판. 높이 올라온 줄은 알았지만, 1,000m가 넘는 줄은 몰랐었다.

이곳의 자연은 너무 아름다웠다. 수많은 들꽃이 산 여기저기 아름답게 피어 있었다.

산티아고로 향해 가는 순례자 동상. 많은 순례자들이 이 커다란 동상 앞에서 사진을 찍기 위해 잠시 멈춰 섰다.

이날 만난 가장 높은 높이. 해발 1,335m까지 올라오고야 말았다.

2. 스페인 349

이날의 내리막은 정말 엄청났다. 구름을 뚫고 내려갈 때는 이날 오르막을 오르며 쌓였던 피로가 일순간에 풀리는 느낌이었다. 이날의 내리막은 경사가 너무 심해서 순식간에 끝나고 말았는데, 그만큼 화끈한 길이었다.

하늘 위를 달리는 기분. 발 아래 펼쳐진 낮은 구름은 나의 기분을 더욱 들뜨게 했다.
내리막에서 구름을 뚫고 달릴 때는 비행기를 타고 날아가는 느낌마저 들었다.

이날 점심은 초대형 알베르게가 있는 곳 맞은편 식당에서 사먹었는데, 야외 테이블에서 바게뜨빵으로 만든 샌드위치를 먹었다. 시원한 맥주 한 모금과 함께 즐기는 샌드위치는, 이제 내 산티아고 여행길에서 없어서는 안 될 필수 코스가 되었다.

이날의 점심. 소박한 듯 보이지만, 막상 먹어보면 배가 제법 부른 식단이다.

잠시 후 사리아(Sarria)라고 하는 도시에 도착했다. 아직 잠자리를 찾기에는 이른 시간이었기에, 나는 이 도시를 그냥 통과하기로 했다. 그런데 정말 경사가 심한 도시였다. 노란 화살표를 따라가다가 정말 허벅지가 터져 나가는 줄 알았다.

내가 내려갈 길이 아니라, 이미 올라온 길이다. 저 길게 이어진 오르막을 쉼 없이 올라오고 나니, 정말 몇 분 동안 아무것도 하기 싫어졌다.

도시를 내려다보며. 올라오는 수고로움 뒤에는 멋진 풍경이라는 선물이 늘 기다리고 있다.

문제는 이 도시를 지나고 나서부터였다. 순례길이 갑자기 산속으로 이어지더니, 포장된 도로가 아니라 작은 개울을 건너고 거친 산을 오르는 완전 생 리얼 '산길'로 변해버린 것이다. 걷는 이에게는 괜찮을지 모르지만, 자전거를 타고 지나는 나에게는 진짜 '고생길'이었다. 멀쩡한 도로를 놔두고 뒤에는 짐을 잔뜩 싣고 하는 산악 자전거 훈련이라니, 점심때 먹은 것은 진작에 소화되어 버렸고, 나는 오랜만에 사자후를 시원하게 갈겨대며 이 길에서 빨리 벗어날 수 있길 기도했다.

응? 자전거로 가기에는 조금 아닌 듯한데…. 이것은 시작에 불과했다. 나는 이때 여기를 벗어나야 했다.

산티아고 순례길 표지석. 분명 맞긴 맞는데, 자전거로 갈 만한 길은 아니었다.

그렇게 비포장도로 산길을 얼마나 갔을까, 이렇게 계속 가다가는 자전거 타이어도 문제가 생길 것 같고, 해가 지기 전에 알베르게에 도착하지 못할 것 같아서 무작정 도로로 나왔다. 비포장 산길을 나와서 포장된 도로를 달리는데, 나는 순간 내 자전거가 아닌 줄 알았다. 완행열차를 타다가 갑자기 KTX를 타는 느낌이 이와 같을까, 내 자전거가 이렇게 잘 나갔었나 하는 생각이 들 정도였다.

그 이후로는 일사천리였다. 도로도 너무 잘 뻗어 있었고, 더 이상 나를 힘들게 하는 길도 나오지 않았다. 그렇게 산길에서 지체된 시간을 만회하기 위해, 나는 평소보다 더욱 빠르게 페달을 밟았다.

이 강의 이름은 미뉴강(Rio Miño)이다. 약 340km인 이 강은 갈리시아 지방 미뉴에서 발원하며, 하류는 스페인과 포르투갈의 국경을 이루고 있다.

저 도로 건너가 바로 내가 이날 묵을 도시, 포르토마린(Portomarin)이다.

이 도시는 이날 묵었던 여느 도시들과 마찬가지로 도심지로 가려면 오르막을 거침없이 올라가야 했다. 이미 이날 오르막은 오를 대로 올랐기에, 나는 오르막이 막 시작되는 지점에 있는 알베르게로 바로 들어가 버렸다. 그만큼 이날의 라이딩은 힘들었다.

이곳 알베르게는 1박에 10유로였다. 내부는 너무나도 깔끔하고 침대도 아주 좋았는데, 샤워실도 너무 깨끗하고 청결해 보였다. 세탁기도 있고 손빨래 하는 곳도 잘 갖춰져서 시설 점수를 줄 수 있다면 10점 만점에 10점을 주고 싶었다. 음료 가판대도 있어서 멀리 나가지 않고 알베르게 내부에서 시원한 음료수나 맥주를 마음껏 마실 수 있는 것도 이곳의 큰 장점이었다.

도착하자마자 여느 때와 마찬가지로 일단 씻고, 빨래를 하고, 휴대폰과 카메라를 충전하기 시작했다. 그리고 침대에 누워서 간단히 스트레칭을 하니 몸의 피로가 싹 풀리는 느낌이었다.

개인 정비를 마친 후 마을 구경에 나섰다. 마을은 금방 다 돌아볼 수 있을 정도로 아담했다. 조금만 올라가면 마을의 정상에 다다를 수 있었는데, 이 마을의 가장 높고 넓은 곳에는 역시나 오래되고 멋진 성당이 자리하고 있었다.

동네 가장 높은 곳. 오래되었음직한 직사각형의 성당이 나를 반겨주었다. 어딘가 모르게 강한 힘이 느껴지는 그런 성당이었다.

성당 옆 건물 앞 계단 그늘에는 젊은이들이 삼삼오오 모여 이야기꽃을 피우고 있었다. 알베르게가 있는 곳 근처에서 흔히 볼 수 있는 광경이다.

이날 저녁은 정말 제대로 된 만찬을 즐겼다. 여정이 힘들어서 그랬는지 미친 듯이 마구 먹어댔다. 주문을 했을 때 주인이 혼자 다 먹을 거냐고 물어볼 정도였다. 그렇게 순식간에 요리 두 개를 해치워 버렸다.

요리 2개와 와인 한 병, 그리고 맥주. 이날 하루 고생한 나에게 주는 선물이었다.

그래도 부족했다. 나는 식당에서 남은 와인을 가져와서 숙소에서 통조림과 요리 하나를 더 먹었다. 오랜만에 정말 식욕 폭발이었다.

맛있게 먹다가 옆에 앉은 친구와 이런저런 대화를 나누고, 다시 먹다가 산책도 하고 오고, 다시 돌아와서 한잔 더 하고 그러다 보니 잘 시간이 되었다. 정말 무슨 모험 영화 한 편을 찍은 것 같은 날이었다. 그만큼 엄청난 하루였고, 힘든 하루였다. 하지만 또 그만큼 잘 끝난 하루이기도 했다. 아무 사고 없이, 몸 건강히 잘 마무리된 하루. 사실 그거면 충분했다.

알베르게에서 이것저것 먹다 보니 어느새 해가 뉘엿뉘엿 지기 시작했다. 시간은 어느덧 10시가 넘은 시간. 스페인의 여름밤은 정말 길고 길었다.

2.12. 본격 산티아고 순례길(Camino De Santiago)
⑥. 순례자들의 영원한 안식처, 산티아고 데 콤포스텔라 (Santiago de Compostela)

2016년 7월 9일(토).
일정 : 스페인 포르토마린(Portomarin) ~
산티아고 데 콤포스텔라(Santiago de Compostela)
이동방법 : 자전거 / 이동거리 : 약 96km

드디어 그날이 밝고야 말았다. 길고 긴 산티아고 순례길의 마지막 날. 산티아고는 과연 어떤 모습으로 나를 반겨줄 것인가, 그곳에 도착하면 어떤 느낌일까, 오늘도 무사히 달릴 수 있을까, 오늘은 산을 또 얼마나 올라야 할까, 오만가지 생각을 하면서 침대에서 일어나 출발 준비를 했다.

아침 7시쯤 일어나서 씻고 알베르게에서 파는 아침을 사먹었다. 가격은 2.5유로. 전날 마신 따뜻한 우유가 너무나도 기억에 생생하게 남아서 이날 아침도 따뜻한 우유와 함께 시작했다. 그 맛은 역시나, 전날의 감동이 쓰나미처럼 다시 밀려 들어왔다.

이날은 아침에 길을 나서는데 온 세상이 짙은 안갯속에 파묻힌 듯했다. 어제와 마찬가지로 아침에는 너무나도 쌀쌀했기에, 급기야 얇은 겉옷 하나를 꺼내서 껴입었다. 깊은 산속의 날씨는 그만큼 변화무쌍했다.

이날 아침은 라이딩을 포기해야 하는 거 아닌가 싶은 생각이 들 정도로 안개가 짙었다. 그나마 다행인 것은 차량 통행이 거의 없다는 점. 나는 안전을 위해서 프랑스 투르의 자전거 축제에서 얻었던 형광색 조끼를 꺼내 입었다.

담벼락을 따라 예쁜 수국이 아름답게 피어 있다. 작은 꽃 여러 개가 모여 하나의 큰 꽃의 형태를 갖춘 수국은, 철저히 혼자 떠나는 길이지만 결국 모두 함께 가는 길인 산티아고 순례길과 딱 들어맞는 꽃처럼 느껴졌다.

잠시 후 11시쯤 되었을까, 짙게 꼈던 안개가 어느 순간 싹 사라지고, 나는 다시 스페인의 뜨거운 열기 속으로 들어가게 되었다. 산티아고에 가까워질수록 작은 마을들이 더 자주 나타났는데, 중간중간 휴식도 취하고 순례자 여권에 도장도 찍을 겸 나는 성당에 자주 들렀다. 물론 성당을 구경하는 재미도 있었다.

고속도로에서 휴게소를 들르는 것처럼, 나는 성당이 보이면 한번씩 들어가 보았다. 똑같은 모습의 성당은 하나도 없었다. 작지만 모두 그들 나름의 아름다움을 간직하고 있었다.

이날의 점심. 산티아고 입성을 앞두고 아주 거하게 먹었다.

이곳은 기업 마케팅도 산티아고 순례길과 관련이 있다. 순례길에서의 인사말, 'Buen Camino'가 광고판 가운데 떡하니 쓰여 있다.

얼마나 달리고 또 달렸을까, 드디어 내 눈앞에 그곳의 표지판이 보이기 시작했다. 바로 산티아고 데 콤포스텔라(Santiago de Compostela)의 표지판이 나타난 것이다!

길가에 있어서 사람들의 손이 쉽게 닿는 산티아고의 도시 표지판은, 수많은 이들이 붙여놓은 각종 스티커와 글씨로 뒤덮여 있었다. 길고 긴 순례의 여정 끝에서, 이 'Santiago'라는 글자를 마주한 이들이 느꼈을 그 수많은 감동과 눈물. 그 벅찬 기분이 내 마음속에도 그대로 전달되고 있었다.

2.13. 산티아고 데 콤포스텔라(Santiago de Compostela), 모든 것이 끝나는 곳, 다시 모든 곳이 시작되는 곳

2016년 7월 9일(土) ~ 11일(월)
일정 : 산티아고 데 콤포스텔라(Santiago de Compostela)

드디어 산티아고에 도착했다.

정말 이때의 기분을 뭐라고 표현해야 할지 모르겠다. 영국을 거쳐서 헝가리 부다페스트에서 시작한 대장정이었다. 헝가리를 지나 슬로바키아, 오스트리아, 체코, 독일, 네덜란드, 벨기에, 프랑스를 거쳐서 스페인까지. 4월 18일 비행기에 몸을 싣는 것으로 시작된 3달간의 호기로운 여행에 큰 마침표를 하나 찍는 순간이었다. 모든 여행의 완전한 마무리는 포르투갈 리스본이었지만, 산티아고에 도착하니 마치 여행이 모두 마무리가 되는 듯한 그런 느낌이 들었다.

그동안 많은 변화가 있었다. 우선 신체적으로는 3달간 매일같이 자전거를 타다 보니 몸무게가 무려 15㎏ 정도가 빠져서 몸이 엄청나게 가벼워졌다. 가린다고 가렸지만 얼굴과 팔 등 노출이 불가피한 부위는 새카맣게 탔고, 허벅지와 종아리는 울끈불끈 한껏 부풀어 올라 있었다.

정신적으로도 큰 발전이 있었다. 도전에 대한 두려움이 완전히 사라졌고, 매일 바뀌는 잠자리와 매일 만나는 다른 친구들 속에서 생활하다 보니 새로운 것을 받아들이고 적응하는 데 아주 도가 터버렸다.

여행을 통해서 얻었던 수많은 인연들과의 추억도 아주 소중한 선물이었다. 가던 길을 멈추고 내 자전거를 고쳐주던 수많은 이들과, 나에게 기꺼이 자신의 방과 집을 내어준 수많은 친구들까지, 이 여행을 통해서 얻게 된 많은 인연들을 통해서, 이 세상을 바라보는 눈이 많이 긍정적으로 변하게 되었다.

마치 새로운 인생의 2막을 열기 위한 준비운동을 막 끝낸 그런 기분이랄까. 어떻게 설명을 해야 할지 잘 모르겠다. 그래서 이곳을 다녀온 사람들이 이런 말을 하는가 보다. "일단 한번 가보세요"라고.

산티아고 데 콤포스텔라(Santiago de Compostela)는 스페인 갈리시아 지방(Comunidade Autónoma de Galicia)의 중심지로서, 스페인 북부의 산티아고 순례길과 함께 대성당과 옛 시가지 등이 유네스코의 세계문화유산에 등재되어 있으며, 2000년에는 유럽의 문화수도로 선정되기도 했다. 산티아고는 예수님의 제자인 성 야고보를 뜻하고, 콤포스텔라는 라틴어 들판(Campus)과 별(Stella)의 합성어이다. 즉, '별의 들판'이라는 뜻인데, 이런 이름이 붙은 데는 다음과 같은 전설이 전해진다.

성 야고보가 순교한 후 유해의 행방이 묘연해졌는데, 별빛이 나타나 숲속의 동굴을 비춰서 그곳으로 가보니 성 야고보의 무덤이 있었다고 한다. 그래서 이곳에 '별의 들판(Compostela)'이라는 이름이 덧붙여져서 도시의 이름이 산티아고 데 콤포스텔라(Santiago de Compostela)가 되었다고 한다.

성 야고보의 무덤이 발견되면서 이 도시는 예루살렘과 로마에 이어 중세 시대 가장 유명한 가톨릭 순례지가 되었고, 1211년 완공된 산티아고 데 콤포스텔라 대성당(Catedral de Santiago de Compostela)은 전 세계 순례자들의 종착지가 되었다.

산티아고 대성당 앞에는 커다란 광장이 있다. 이곳은 순례를 마친 이들의 집합 장소였다. 오랜 여행을 위해 대부분 커다란 배낭을 등에 짊어지고 있었는데, 대부분 광장 바닥에 앉아 배낭에 기대어 성당을 바라보며 옆 사람과 대화를 나누거나 사진을 찍었다. 노래를 부르는 이들도 있었고, 감동의 눈물을 흘리는 이들도 있었다. 아예 구석에 앉아서 몇 시간이고 성당을 바라보는 이들도 있었고, 지쳐 잠이 든 이들도 있었다. 모두 저마다의 방식으로 순례의 여정을 무사히 마친 것을 기념하고 있었다.

내가 이곳에 도착했을 때, 성당은 아쉽게도 한창 공사 중이었다. 하지만 산티아고라는 곳, 그 자체가 주는 감동은 공사장의 가림막도 막을 수 없는 것이었다.

나 역시 괜히 광장을 자전거로 뱅글뱅글 돌기도 하고, 여기저기 사진도 찍으며 나만의 방식으로 이 길고 긴 여정이 끝났음을 자축했다. 자리에 앉아 한참 동안 성당을 바라보기도 했다. 솔직히 처음에는 아무 생각도 들지 않았다. 나도 모르게 살짝 눈물이 그렁그렁 맺힐 뿐이었다.

무사히 그 길고 긴 시간 동안 버텨준 나 자신과 나의 자전거에 감사할 뿐이었다. 그리고 이 여행길에서 만났던 수많은 인연들과의 추억과, 무엇보다도 무모하게만 보였던 나의 이 도전을 처음부터 끝까지 곁에서 응원해준 가족들의 모습이 주마등처럼 스쳐 지나갔다. 나의 여행길에 도움을 주었던 그 모든 인연들에게 깊은 감사를 드리며, 그들을 위해 나도 모르게 짧은 기도를 드렸다.

나는 과연 무엇을 위해 그 길고 긴 길을 달려왔는가, 무엇을 얻으려 하는가. 이 길을 통해 딱 하나 제대로 깨우친 것이 있었다. 실상 나 자신이 변화하지 않으면 내 주변은 아무것도 변하지 않는다. 내가 먼저 변화해야 내 삶이 변한다. 내가 페달을 굴려야 자전거가 앞으로 나아가지, 옆 사람이 아무리 페달을 굴려봤자 나의 자전거는 그대로 멈춰 서 있을 뿐이다. 그 짧은 깨달음을 얻기 위해, 나에게는 그토록 긴 시간과 노력이 필요했다.

광장에서의 감상을 그렇게 마치고 순례길 인증서를 받으러 갔다. 성당에서 조금 떨어진 곳에 인증 센터가 있는데, 이곳은 인증서를 받으려는 사람들로 인해 이미 장사진을 이루고 있었다. 한 30~40분 정도를 줄을 서서 기다렸다. 때마침 이날이 토요일이라서 사람들이 더 많았던 것 같았다.

인증서는 라틴어 인증서와 스페인어 인증서가 있는데, 나는 두 가지 인증서를 다 받았다. 인증서를 보관하는 단단한 플라스틱 통도 팔았는데, 그것도 샀다. 인증서는 무엇보다도 소중하게 간직해야 했기 때문이다.

 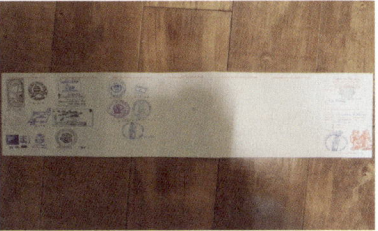

나의 순례자 여권. 프랑스 루르드에서부터 도장을 찍은 덕에 특별한 곳의 도장도 제법 찍을 수 있었다.

두 개의 산티아고 순례길 인증서. 하나는 스페인어이고, 다른 하나는 라틴어이다. 내가 자전거 여행을 헝가리 부다페스트에서 시작했다고 하자 인증서를 발급해주는 분의 눈이 정말 휘둥그레 졌었다. 참고로 인증서를 받기 위한 최소 거리는 100㎞이다.

인증 센터 내부의 정원. 산티아고 순례길을 지나온 이들에게만 허락된 곳이다.

순례자 인증 센터(Centro Internacional De Acogida Al Peregrino) 입구의 간판. 밖에서 보기에는 너무 평범해서 그냥 지나치기 십상이다. 나도 이곳을 몇 번이고 지나쳤다가 겨우 찾았다.

인증서까지 받고 나는 숙소로 향했다. 이곳에서의 숙소는 알베르게가 아닌 에어비앤비를 통해서 얻었다. 도심 호텔은 가격이 너무 비쌌고, 알베르게에서는 편히 쉬지 못할 것 같아서, 세탁기도 이용할 수 있고 요리도 해먹을 수 있으면서 저렴하고 푹 쉴 수 있는 에어비앤비 숙소를 찾게 되었다. 도심에서 좀 떨어진 곳에 있었지만, 자전거가 있기에 큰 문제가 되지 않았다.

숙소에서 거하게 저녁을 먹은 후 저녁에 산티아고 대성당으로 다시 나와 보았다. 산티아고 대성당 광장 주변은 이미 흥겨운 축제의 장이 펼쳐지고 있었다. 광장 뒤쪽에서는 흥겨운 기타 연주에 맞춰서 노래가 흘러나오고 있었고, 많은 사람들이 나와서 흥겨운 리듬을 즐기고 있었다. 다들 길고 긴 산티아고 순례길의 여정을 마쳤기에, 그들의 표정에서는 여유가 넘쳐흐르고 있었다.

일전에 알베르게에서 만났던 친구도 이곳에서 다시 만났다. 그는 나와 마찬가지로 자전거로 산티아고 순례길을 달린 아르헨티나 출신 형제였는데, 이곳에서 재회하니 마치 오랜 친구를 다시 만난 기분이었다. 우리는 서로 재회의 기쁨을 나누며 이야기꽃을 피워 나갔다. 산티아고의 밤은 그렇게 꺼질 줄 모르고 밤새 뜨겁게 타올랐다.

산티아고의 밤은 꺼질 줄 모르는 용광로와 같았다. 흥겨운 노래가 밤새 이어졌다.

다음 날, 산티아고 대성당으로 다시 향했다. 사실 산티아고에 도착하는 날짜를 토요일로 맞춘 이유도 산티아고 대성당에서 주일 미사에 참석하기 위해서였다. 내가 갔을 때는 주일 낮 미사가 12시경 시작되었고, 그 미사가 끝날 때쯤 향로 의식이 거행되었다.

유럽에서 정말 많은 성당에 들어가 보았지만, 이렇게 빈자리 하나 없이 성당 내부가 가득 들어찬 곳은 처음 보았다. 전 세계에서 모인 순례자들이 바로 이 미사에 모두 모인 까닭이었다. 미사 자체도 나에게는 감동적이었지만, 미사의 마지막에 어지간한 성인 남성 몸통만큼 커다란 향로가 그 큰 성당을 가로질러 움직이는 모습은 가히 장관이었다.

산티아고 대성당은 지금껏 가본 유럽의 그 어느 성당보다 많은 사람들로 가득 차 있었다. 이 순례길을 걷는 이들의 최종 집결지가 바로 이곳이기 때문이다.

이 커다란 향로가 바로 의식에 쓰이는 향로이다. 지금껏 보았던 그 어느 향로보다 거대했고, 퍼포먼스 또한 대단했다.

    향로 의식의 기원에 대해서는 조금 웃픈 이야기가 전해진다. 과거 산티아고를 방문했던 순례자들에게서는 한 가지 문제가 있었는데, 요즘처럼 수도시설이나 숙박시설이 제대로 되어 있지도 않았고, 비누나 세탁기 등도 갖춰져 있는 것이 아니라서 오랜 시간 땀에 절은 채 길을 걸어온 이들에게서는 오만 가지 냄새가 났다고 한다. 그런 이들이 미사를 보러 성당 안으로 모였을 때 났을 그 냄새는 정말 상상조차 하기 힘들 것이다.

    그들 몸에서 나는 냄새를 정화하기 위해 '공기 정화'의 목적으로 향을 피우기 시작했고, 이것이 점점 발전하여 오늘날 거대한 향로를 이용해서 화려한 퍼포먼스를 보여주는 향로 의식으로 발전하게 된 것이라고 한다. 오늘날에는 그런 냄새가 거의 나지 않으니 시각, 청각적인 효과가 더 가

미되어 의식이 진행되고 있었다. 향로가 거대한 성당을 가로질러 움직이는 의식이 진행되는 동안, 장엄한 오르간과 노랫소리가 성당 안을 가득 메워주었다.

중앙 제대 뒤쪽으로는 성 야고보의 무덤과 성상을 직접 만져보기 위한 줄이 항상 길게 늘어서 있다. 나 역시 30분 정도의 기다림 후에야 성상에 다가갈 수 있었다. 그렇게 산티아고 대성당과의 만남은 그 성당 주인공과의 조우로 끝마치게 되었다.

성당을 다 둘러보고 나오니 스페인의 따사로운 햇살이 내리쬐고 있었다. 이날 가장 중요한 일정은 기차역으로 가서 리스본으로 가는 기차표를 사는 것이었다. 귀국 일정에 맞추려면 14일까지는 리스본에 도착해야 했는데, 도저히 이곳에서 리스본까지 3일 만에 갈 엄두가 나지 않았다. 그래서 기차를 타고 가기로 결심했다. 기차를 2번이나 갈아타야 하는 만만치 않은 일정이었지만, 기한 내 도착하기 위해서는 어쩔 수 없는 선택이었다.

열차표 구매 후 식당을 찾아 헤맸다. 성당 근처 거리를 헤매다가 왠지 맛있을 것 같은 식당이 보여서 자리를 잡고 앉았다. 앉아서 정말 미친 듯이 먹었다. 더 이상 이날의 일정은 없었다. 나에게 주는 하루 동안의 휴식. 그동안 먼 길을 오느라 고생한 나에게 뭔가 멋진 선물을 하고 싶었다. 그래서 정말 먹고 싶은 것을 마음껏 시켜서 맛있게 먹었다.

맛있는 조개 요리와 스테이크, 맥주에 와인 한 병. 후식으로 아이스크림까지.
이곳까지 오느라 수고한 나에게 주는 작은 선물이었다.

 그렇게 한바탕 폭풍 같은 식사를 마치고 산티아고 대성당 광장으로 돌아왔다. 대성당의 광장은 늘 사람들로 북적였다. 스페인의 그 어느 도시보다도 활력 넘치는 곳이었다. 나는 다시 한번 대성당과 광장 여기저기를 구경하고, 이곳에 모인 '사람들'을 살펴보았다. 사람들은 모두 기쁜 표정들이었다. 어제와 마찬가지로 성당을 하염없이 바라보는 사람, 눈물을 흘리는 사람, 노래를 부르며 춤을 추는 사람, 둘러앉아서 함께 기도하는 사람 등 온갖 사람들이 모여서 광장을 이루고 있었다.

산티아고 대성당 앞의 광장은 이런 곳이다. 그저 하염없이 어딘가를 바라보게 되는 곳. 그리고 감상에 젖는 곳.

오후 느지막히 구도심을 둘러보기도 했다. 산티아고는 오랜 역사 박물관 그 자체였다. 오래된 건물들과 석상들이 길거리를 가득 채우고 있었다. 중세의 한가운데로 들어가 도시를 거니는 그런 느낌이 들 정도였다.

산티아고 데 콤포스텔라의 구도심은 중세에 그대로 머물러 있었다.

그렇게 하루 종일 산티아고 곳곳을 둘러본 후, 숙소에 들어와서 때마침 열린 유로 2016 결승전을 보았다. 개최국 프랑스와 포르투갈의 경기. 이날의 승리는 놀랍게도 개최국 프랑스가 아닌, 포르투갈에게 돌아갔다. 포르투갈의 사상 첫 메이저 축구대회 우승. 아마 이날 밤 포르투갈은 광란의 파티에 젖어버리겠지.

다음 날, 느지막히 일어난 나는 이동할 채비를 마치고 다시 산티아고 광장으로 향했다. 며칠간 정들었던 산티아고와 작별 인사를 해야 할 때가 온 것이다. 산티아고 대성당 광장은 여느 때와 마찬가지로 수많은 사람들로 북적였다. 이런 활기찬 모습이 바로 산티아고를 살아 숨 쉬게 만드는 원동력이었다.

산티아고 대성당 앞의 광장은 늘 북적였다. 이른 아침에도, 늦은 저녁에도.

2.14. 야간 열차를 타고 포르투갈로

2016년 7월 11일(월)
일정 : 스페인 산티아고 데 콤포스텔라(Santiago de Compostela) ~
포르투갈 리스본(Lisboa)
이동방법 : 열차 / 이동거리 : 약 540km

드디어 마지막 국경을 넘는 날. 이날의 여정은 산티아고 기차역에서 포르투갈 리스본까지 기차를 2번이나 갈아타야 도착하는, 장장 500㎞가 넘는 대장정이었다.

기차를 타고 잠깐 잤다가 일어났더니 첫 번째 환승지, 비고(Vigo)에 도착했다. 스페인과 포르투갈 국경 위쪽 비고 만(bahía de Vigo)의 남동쪽 해안에 위치한 이 도시는 오늘날 약 30만 명이 사는 제법 큰 도시이다. 기차 환승까지 약 2시간의 여유가 있어서 나는 이 도시를 살짝 둘러보기로 했다.

산티아고에 비해서 갑자기 날씨가 확 따뜻해진 느낌이었다. 넘실대는 푸른 바다가 나에게 손짓하던 이 항구 도시는, 내 눈에 담긴 마지막 스페인 도시였다.

비고(Vigo)는 산티아고에 비하면 아주 현대적인 모습의 도시였다.
따뜻한 날씨와 넘실대는 푸른 바다는, 스페인에 대한 내 마지막 기억으로 남았다.

이윽고 열차 시간이 되어 나는 역으로 향했다. 포르투(Porto)까지 가는 열차는 겉에 온통 낙서로 가득한 낡은 열차였는데, 국경을 넘나드는 열차로 보기에는 아주 낡아 보였다. 2시간이 조금 넘는 시간 동안 수많은 역에 정차했는데, 마치 예전 우리나라의 완행열차 또는 전철 같아 보였다.

비고(Vigo)에서 포르투(Porto)까지. 거리는 얼마 되지 않는데 정차를 정말 많이 했다.

그라피티로 뒤덮인 열차의 외관. 이걸 지우지 않고 또 운행하는 이유는, 분명 또 누군가 계속 그림을 그리기 때문이리라.

그렇게 덜그럭 덜그럭 열차와 함께 넘은 국경. 해가 지고 나서 드디어 첫 번째 포르투갈 도시, 포르투(Porto)에 도착했다. 그리 늦은 시간이라고는 생각되지 않았는데, 모든 상점들이 다 문을 닫은 상태였고, 거리에는 인적이 아예 뚝 끊겨 있었다. 또 이곳은 지금까지 지나온 다른 유럽 지역보다 표준 시간이 1시간 늦었다. 나는 재빠르게 손목시계의 시간부터 재조정했다. 시간을 착각해서 리스본으로 가는 열차를 놓치는 불상사를 미연에 방지하기 위해서였다.

포르토-캄파냐(Porto-Campanha)역. 분명 이곳은 포르투갈 제2의 도시인데, 아직 도시가 잠에 빠져들기에는 이른 시간임에도 역 주변은 침묵에 빠져들어 있었다.

열차 출발 시간은 새벽 1시 30분. 아직 출발까지는 4시간 가까이 남아 있었다. 저녁을 먹기 위해서 여기저기 돌아다니는데 정말 불 켜진 곳을 찾는 것조차 힘들었다. 겨우 찾은 곳은 인도 식당이었는데, 가격에 비해서 적은 양이 문제였다. 밥은 정말 넘치듯 많이 퍼줬는데, 밥에 비벼먹는 양념 소스의 양이 터무니없이 적게 느껴졌다. 그래도 저녁을 이렇게 먹을 수 있음에 감사드리며 밥을 먹는 수밖에.

 밥을 먹고 돌아다닐 곳도 없고 해서 역에서 열차가 오기만을 마냥 기다렸다. 너무나도 더디 흐르던 시간, 나는 드디어 내 여행의 마지막 여정, 리스본으로 가는 열차에 몸을 실을 수 있었다. 처음에는 사람이 거의 없었는데, 역을 하나둘 거쳐갈수록 사람이 많아졌다. 이 새벽부터 사람들은 과연 어디로 향하고 있는 것일까. 대부분은 아마 일을 하러 가는 노동자들이었을 것이다. 한가로이 여행을 하며 새벽 기차에 타고 있던 나는 그들을 보며 괜히 미안한 마음이 들었다. 모두가 같은 삶을 살 수는 없지만, 모두가 함께 편안한 삶을 살 수 있게 되는 날이 언젠가는 왔으면 좋겠다는 생각을 하며, 다른 이들처럼 열차 창문에 기대어 잠에 빠져들었다.

3. 포르투갈

3. 대장정의 마지막, 포르투갈 리스본(Lisboa).

2016년 7월 12일(화)~15일(금)
이동방법 : 기차 / 이동거리 : 약 540km.

일정 비고(Vigo) ▶ 포르투(Porto) ▶ 리스본(Lisboa) ▶ 인천공항(Incheon Airport)

드디어 도착한 포르투갈. 포르투갈 공화국(República Portuguesa)은 이베리아 반도 서부에 위치한 국가로서 유럽의 서쪽 끝에 있는 국가이다. 수도는 리스본으로, 12세기 이후 포르투갈의 수도로 지정되었으며, 대서양의 아소르스 제도와 마데이라 제도 역시 이 포르투갈의 영토이다. 세계적인 축구스타 크리스티아누 호날두는 포르투갈 본토가 아닌 마데이라 제도 출신이다.

포르투갈은 15~17세기 대항해시대에 전 세계를 아우르는 대제국을 건설했는데, 포르투갈 제국의 위상은 가장 중요한 식민지였던 브라질이 1822년 독립하면서 줄어들기 시작했지만, 가장 오랜 식민제국 중 하나로서 1999년까지 중국의 마카오를 식민지로 삼고 있었다.

포르투갈의 기후는 대부분 온화한데, 중부와 북부 산악 지역의 일부가 겨울에 영하로 내려가기도 하지만, 남부 지방의 도시들은 대부분 영상의 기온을 일 년 내내 유지한다고 한다. 대신 여름에는 40도가 넘는 경우도 종종 있으니 여행을 할 때는 주의해야 한다.

포르투갈이 세계적인 대제국을 건설했던 탓에 포르투갈어는 전 세계 2억 명이 넘는 인구가 사용하는 세계적인 공용어의 지위를 갖고 있으며, 포르투갈과 브라질, 마카오, 그 외에도 아시아와 아프리카 곳곳에서 사용되고 있다.

리스본(포 : Lisboa, 영 : Lisbon)은 포르투갈의 수도이자 최대 항구, 최대 도시로서, 스페인에서 발원해서 대서양으로 흘러드는 테주강(포 :

Rio Tejo / 스 : Río Tajo)의 끝자락에 위치해 있다. 리스본 대부분의 건물은 1755년 리스본 대지진[33] 이후 재건된 건물로서, 도시 대부분은 대지진 이후 폼발 후작이라는 인물에 의해 계획도시로 재건된 것이다.

새벽에 하는 기차 여행은 꽤나 피곤한 것이었다. 리스본 기차역에 도착한 나는 아직 시간도 많이 이르고 잠도 너무 왔었기에, 움직이지 않고 그냥 기차역에서 잠을 더 자기로 했다. 정말 놀랍게도 역에서 자리를 잡고 앉자마자 나는 잠에 빠져들었다.

그렇게 어느 정도 피로를 풀고 난 후 역 바깥으로 나왔다. 내가 도착한 기차역은 강가에 위치해 있었는데, 역사 바깥에는 해양 강국 포르투갈의 힘을 보여주듯 엄청난 크기의 크루즈 선박이 정박해 있었다.

엄청난 크기의 크루즈 선박. 내 생애 크루즈 선을 직접 본 것은 이때가 처음이었다. 정말 거대했다.

---

[33] 1755년 11월 1일(토) 일어난 대지진. 가톨릭의 중요한 축일 중 하나인 모든 성인 대축일에 일어난 이 대지진과 그에 따른 해일, 화재로 인해 리스본과 그 일대가 거의 완전히 파괴되었으며, 약 10만 명 이상이 사망한 것으로 전해진다.

역 근처 식당에 들러서 그 맛에 푹 빠져버린 따뜻한 우유 한 잔에 빵 한 조각을 먹었다. 든든히 아침을 먹고 나니 조금은 피로가 풀리는 듯 했다.

아침 식사 후 자전거를 타고 강가 라이딩을 시작했다. 아침 해가 떠오른 지 얼마 되지 않은 시간인데도, 7월의 포르투갈은 뜨겁게 타오르고 있었다.

제일 먼저 도착한 곳은 코메르시우 광장(Praça do Comércio)이었다. 그런데 내가 도착한 이날 광장은 어딘가 모르게 한바탕 태풍이 왔다 간 느낌이었다. 광장 앞에는 가설무대가 설치되어 한창 철거 중이었고, 거리에는 맥주잔과 술병들이 곳곳에 버려져 있었다. 알고 보니 지난밤에 바로 이곳 광장에서 포르투갈 대표팀의 우승 기념 퍼레이드가 열렸다고 했다.

코메르시우 광장. 간밤에 열린 파티의 흔적이 아직 여기저기 남아 있었다. 중앙에 있는 동상은 1750년부터 1777년까지 포르투갈의 국왕이었던 조제 1세(Jose I)의 기마상이다. 그의 재위 중 리스본 대지진이 발생했고, 이후 그는 평생 지진을 두려워하며 지냈다고 한다.

'부두의 기둥(Cais das Colunas)'이라고 불리는 두 개의 대리석 기둥. 이 기둥은 리스본의 상징적인 입구이다.

강가 구경을 마쳤으니 이제 본격적인 리스본 도심 투어를 할 차례. 도심으로 들어가는 길은 초대형 아치가 위풍당당하게 서 있었다. 이곳의 이름은 '아우구스타 아치(Arco da Rua Augusta)'. 기둥의 높이는 무려 11m인데, 대지진으로부터의 회복을 상징하는 문이라고 한다. 그 뒤쪽으로는 잘 정비된 리스본의 시가지가 펼쳐져 있었다.

위풍당당하게 서 있는 아우구스타 아치. 리스본이라는 세계로 들어가는 문이다.

시가지를 거닐다가, 건물 사이 도로에 뜬금없이 높게 솟은 엘리베이터가 보였다. 리스본은 높은 언덕들이 곳곳에 있는데, 걸어서 언덕을 올라가는 일은 그리 쉬운 일이 아니다. 그래서 언덕을 오르기 위해 여러 교통수단이 만들어졌는데, 그중 가장 유명한 것이 바로 '산타 후스타 엘리베이터(Elevador de Santa Justa)'이다. 1902년 지어져 오늘날까지 운행되는 이 엘리베이터는, 언덕 위로 올라가는 가장 쉬운 방법 중 하나이다. 다만 기다리는 시간이 꽤 길 수도 있는 것이 흠이었다. 내가 갔던 이날도 꽤 많은 이들이 줄을 서 있었다.

건물 사이 갑자기 나타난 커다란 엘리베이터. 리스본의 전경을 보기 위해 가장 쉽고 빠르게 올라가는 길인데, 엘리베이터를 타기 위해서는 꽤 오랜 시간 기다림을 감내해야 한다. 물론 유료이다.

높은 기둥 위에 우뚝 솟아 있는 페드로 4세의 동상.

　새로 정비된 계획도시답게, 이곳에서는 꼬불꼬불 미로처럼 구도심을 탐험할 필요가 없었다. 그저 직진만이 필요할 뿐. 곧이어 나는 페드루 4세 광장(Praça Dom Pedro IV)에 도착했다. 두 개의 분수대 사이 커다란 동상이 하늘 높이 솟아 있는 이 광장은, 아름답게 수놓인 모자이크 바닥이 참으로 인상적인 곳이었다. 포르투갈 국왕인 페드로 4세는 다름 아닌 1822년 브라질의 독립을 선포한 페드루 1세 황제(Pedro I)와 동일인인데, 그는 1826년 3월부터 5월까지 약 2개월간 포르투갈 왕국의 왕위 자리도 잠시 겸임한 적이 있었다고 한다.

두 개의 분수대가 광장 양쪽 끝에서 물줄기를 뿜어대고 있었다.

아래쪽 광장 구경을 마치고, 나는 위쪽으로 올라가기 시작했다. 적어도 전망대 위쪽으로는 한번 올라가보고 싶었기에, 나는 위로, 위로 향했다. 아직 자전거에 짐이 실려 있는 상태라서 힘이 제법 들었지만, 유럽 여행에서의 마지막 불꽃을 태운다는 생각으로 올라갔다.

그렇게 도착한 곳은 아래서부터 눈여겨보았던 건물, 바로 카르모 수녀원(Convento do Carmo) 건물이었다. 1389년 세워진 이 중세의 수녀원은 리스본 대지진 때 파괴되었는데, 현재 일부가 복구되기는 했지만 완전히 복구되지 않은 미완성의 모습으로 보존되고 있었다. 오늘날은 카르모 고고학 박물관이라는 이름으로 일반에 공개되고 있다.

이 성당은 지진으로 천장이 완전히 무너져버린 상태 그대로의 모습으로 아직 남아 있다.
1755년, 이곳의 시계는 멈추었다.

성당 바로 뒤에는 산타 후스타 엘리베이터와 이어지는 길이 나 있었다. 이 멋진 전망대에 서니 리스본 시내가 한눈에 내려다보였다.

엘리베이터와 이 박물관을 잇는 철제 통로는, 리스본을 내려다 볼 수 있는 훌륭한 전망대이기도 했다.

100년 전에 지었던 엘리베이터가 아직도 철거되지 않고 유지되는 데는 다 이유가 있었다. 그만큼 이곳에서 바라보는 리스본의 풍경은 일품이었다.

전망대 위쪽 구경을 마치고 나는 다시 강가로 내려왔다. 강가에는 노천카페가 여럿 있었는데, 야외 테이블에는 많은 사람들이 일광욕을 즐기며 음료를 마시고 있었다. 나도 그 대열에 합류해서 유럽에서의 마지막 여유를 즐겼다. 따뜻한 햇살 아래 모히또를 한 잔 마시니 잠시 스르르 왔다. 마지막 도시라서 모든 긴장이 풀려서일까, 그동안 길거리에서 짐을 모두 갖고 있는 상태에서는 잠을 잤던 적이 거의 없었는데, 이날은 자전거에 짐을 그대로 실어놓은 채로 스르르 잠이 들고 말았다. 작열하는 오후의 태양빛을 그대로 받으며.

강변에서 즐기는 일광욕. 시원한 음료 한잔이면 이 멋진 명당에서 무제한 휴식을 즐길 수 있었다.

얼마나 지났을까, 나는 화들짝 놀라며 깨어났다. 이렇게 스르르 잠든 적이 거의 없었기에 놀랐었고, 짐을 무방비 상태로 놓아둔 채로 잠든 적은 더더군다나 없었기에 더 놀랐었다. 제일 먼저 걱정되는 것은 자전거와 짐들이 그대로 있는가 하는 것이었다. 정말 다행히도, 너무나도 고맙게도 자전거와 모든 짐들은 내가 잠들기 전 그 상태로 그대로 그 자리에 있었다.

리스본에서 마지막은 호텔에서 묵기로 했다. 마지막이 되어서 그런지 몸이 이제는 축축 처지는 느낌이었다. 다음 목적지는 저 멀리 한국의 인천공항. 이곳 리스본이 비행기에 오르기 전 나의 마지막 도시였다. 나는 설렁설렁 호텔을 찾아 나섰다. 포르투갈의 햇살은, 스페인에서와 마찬가지로 늦게까지 나의 길을 밝혀주었다.

길을 지나다 공사장 건너편 빌딩에 조제 사라마구(Jose Saramago)의 사진이 있어서 카메라에 담았다. 조제 사라마구는 1998년 포르투갈 최초로 노벨 문학상을 수상했으며, 대표작으로는 '눈 먼 자들의 도시' 등이 있다.

리스본 시내를 운행하던 트램. 내가 이곳에 타고 왔던 열차처럼, 이 트램 역시 그라피티로 가득했다. 리스본의 경사는 생각보다 심했다.

리스본에서는 그렇게 많이 돌아다니지 않았다. 리스본에 내리쬐던 뜨거운 한낮의 열기는 밖에 나갈 마음을 싹 사라지게 만들었다. 호텔방 안에서 에어컨 바람을 쐬며 맥주나 와인을 한잔 하는 것이 더 행복했다.

포르투갈 축구 국가대표팀 유니폼 위에 'Obrigado'라는 글자가 새겨진 광고판. 포르투갈어로 '감사합니다'라는 뜻이다. 시내는 유로 2016 포르투갈의 우승을 축하하는 광고판으로 가득 차 있었다.

저녁은 그래도 식당에 가서 먹었다. 나만을 위한 만찬을 즐기며, 나는 성공적으로 끝이 난 나의 여행을 자축했다.

드디어 출국 전날 자전거를 비행기에 싣기 위해 자전거 박스 포장을 했다. 드디어 모든 여정이 끝난 것이다. 지난 4월 18일부터 펼쳐졌던 꿈만 같던 여행은, 이제 작은 상자에 담겨 내 인생의 작은 추억으로 남겨질 차례였다. 유럽 구석구석을 누비던 자유로운 영혼은, 이제 날개를 접고 일상으로 돌아갈 채비를 해야 했다.

이 정도면 나에 대한 선물로는 충분했다. 아, 물론 저것만 먹은 것은 아니었다.

그렇게 자유롭게 곳곳을 누비던 자전거가, 이제는 저 작은 박스에 담겨 한국으로 옮겨질 것이다.
내 인생의 한 페이지는, 이렇게 아름다운 추억과 함께 마무리되었다.

에필로그

    2016년 7월 15일(금). 드디어 귀국 비행기에 올랐다. 길고 긴 여정을 마치고 드디어 집으로 돌아가는 길. 오랜만에 돌아가서 그런지 여행을 떠나올 때처럼 내 마음은 다시 설렘으로 가득 찼다.

    귀국 여정은 리스본-프랑크푸르트-인천의 여정이었다. 짧은 비행을 마치고 도착한 프랑크푸르트. 나는 이곳 공항에 대기하면서 중간 경유지로 독일을 고른 것은 신의 한 수였음을 느꼈다. 맛좋은 독일 생맥주를 마음껏 마실 수 있었기 때문이었다.

공항이라 가격은 좀 비쌌지만, 아무렴 어떤가. 나는 맥주의 본고장에서 마지막 불꽃을 태웠다.

이 공항에서는 아쉬운 이별도 하나 있었다. 바로 체코에서 시작해서 이날까지 나와 함께 했던 파란색 물통이 그것이었다. 체코에서 구입했던 어느 음료수 통이었는데, 마개가 편리하게 되어 있어서 2달 넘게 가지고 다니며 물통으로 사용했었다. 그래도 괜히 한국에 가져가면 짐만 될까 봐 이곳 공항에서 작별을 고하게 되었다.

프랑크푸르트 공항에서 이별했던 물통. 우연히 만나 영혼의 단짝처럼 챙기고 다녔던 물통이었다. 플라스틱 물통에 불과한데, 진짜 버릴 때 너무나도 아쉬웠다.

이제 정말 마지막. 프랑크푸르트 공항에서 한국으로 돌아오는 비행기에 탑승할 차례가 다가왔다. 한국 국적의 비행기였기에, 비행기 안은 오랜만에 듣는 한국어로 가득 찼다. 오랜만에 한국어를 마구마구 들으니 벌써 한국에 도착한 기분이 들었다.

비행기는 이륙해서 구름 위로 높이높이 올라갔다. 젊은 날 90일 동안 펼쳐진 소중한 경험들 역시 비행기와 함께 넓은 창공에 흩어져갔다.

또 다른 여행을 꿈꾸며…

그럼 안녕~

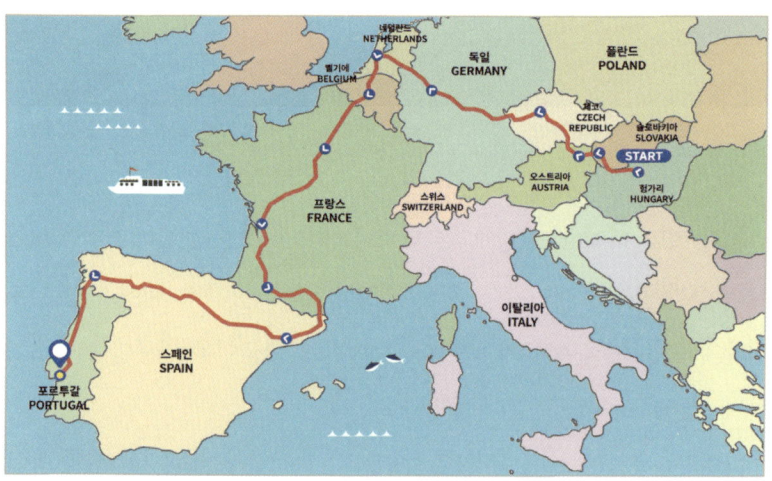

90일간의 여정. 수많은 이야기가 담긴 이 길은, 내 젊은 날 가장 자랑스러운 훈장으로 남아있다.

부록

Camino de Santiago(산티아고 순례길)

산티아고 순례길(Camino de Santiago)의 기원은, 9세기 경 스페인의 북서쪽에 위치한 산티아고 데 콤포스텔라(Santiago de Compostela)라고 하는 도시에 성 야고보의 유해를 모셔오게 되면서 유럽 전역에서 많은 순례객들이 오기 시작한 것에서 유래합니다.

산티아고라는 지명도 성 야고보를 라틴어의 갈리시아 지방 언어로 표기한 'Sancti Iacobi'가 변형된 것이라고 합니다. 즉, 산티아고라는 도시명 자체가 성 야고보의 도시라는 뜻을 담고 있는 것이죠.

산티아고 순례길을 상징하는 문양은 가리비 문양인데, 가리비가 산티아고를 상징하게 된 데는 여러 이야기가 전해지지만, 그중 한 가지를 소개하면 다음과 같습니다.

"성 야고보의 시신을 예루살렘에서 산티아고로 이장할 당시 스페인 연안에 폭풍이 몰아치는 바람에 배에 실려 있던 시신이 바닷속으로 사라졌는데, 이 시신이 하나도 손상되지 않은 채 가리비에 뒤덮여 해변에서 발견되었다."

이 가리비 상징은 산티아고 순례길 전역에서 볼 수 있는데, 순례길의 시작은 여러 곳에서 시작되지만, 결국 하나의 목적지 산티아고에서 끝맺는 여정을 상징하기도 한다고 합니다. 가리비 문양의 여러 선들이 한 꼭짓점에서 만나듯이요.

산티아고로 가는 순례길은 로마 성지 순례, 예루살렘 성지 순례와 함께 중세 시대 가장 중요한 천주교 순례 여행 중 하나였으며, 오늘날에는 매년 약 20만 명의 사람들이 이 길을 걷는다고 합니다.

오늘날 수십 개의 산티아고 순례길 중에서 가장 유명하고 가장 많은 사람들이 걷는 길은, 바로 피레네 산맥 너머 프랑스 생장 피에드 포흐(Saint Jean Pied de Port)에서 시작해서 산티아고에 이르는, 일명 '프랑스 길'이라고 불리는 약 800km의 길입니다. 바로 제가 부르고스에서부터 지나온 그 길이 바로 이 프랑스 길이죠. 이 길은 워낙 인기가 많아서 알베르게 등의 숙박시설도 잘되어 있고, 길도 정비가 잘되어 있습니

다. 개인차가 있겠지만, 걷는다면 약 한 달가량이 소요된다고 합니다.

그 외에도 9세기 경 시작된 길로 Camino Primitivo(기원의 길)이라 불리며, 스페인 북쪽 오비에도(Oviedo)에서 출발해서 산티아고까지 가는 약 300km의 길, 포르투갈 리스본(약 610km) 혹은 포르토(약 227km)에서 시작해서 산티아고에 이르는 '포르투갈 길' 등 수많은 산티아고 길이 있습니다.